地方創生　失われた十年とこれから

はじめに

「地方創生」とは何か。

ネットで検索すると、「地域の魅力を引き出し活性化させることで持続的な社会を創る活動の総称」といった説明が見つかります。恐らく、多くの人が抱くイメージはそのようなものでしょう。しかし、こうした説明は大事な点を見落としていると、われわれは考えます。「地方創生」はあくまでも、ある時期にときの政権が何らかの意図をもって始めた特定の政策だということです。

二〇一四年に第二次安倍政権が「地方創生」という看板政策を華々しく打ち出してから十年。目標に掲げた「人口減少の克服」と「東京一極集中の是正」は、達成の兆しすらありません。現状に照らして政策の失敗は明らかと言えますが、先に記したような意味合いで「地方創生」をとらえてしまうと、失政という事実とその原因は曖昧なものとなってしまいます。

二〇〇八年をピークに人口減少局面に入った日本にあって、秋田県は全国ワーストのペースで人口減少が進む、いわば人口減の最先進地です。その秋田の地元紙で働くわれわれにとって、人口減少は報道上の大きなテーマであると同時に、この地で暮らす一人の住民として切実極まりない「わがこと」でもあります。

そうしたわれわれであればこそ、という思いから挑んだのが、本書に収めた連載企画「地方創生　失われた十年とこれから」です。「地方創生」という政策をさまざまな角度から検証して失敗の背景に迫るとともに、秋田の、そして地方のこれからを考えるよすがにしたい――。そんな狙いから、二〇二四年一～六月に計七十回掲載しました。前半の第一～五部は「地方創生」という政策に対する「検証編」、後半の第六～十部は今後を考える「展望編」という構成です。最後までお読みいただき、よりよい明日へのヒントを手にしていただけたら、こんなにうれしいことはありません。

秋田魁新報「地方創生」取材班

取材は相沢一浩、佐藤朋紀、斉藤賢太郎、伊藤正孝、加藤慶一郎、内田隆之、岡田郁美、佐藤優将、大石卓見、大谷好恵、田村璃子、大原進太郎、三浦ちひろ、石塚佳治、小松田直嗣、神谷紗耶加、川村巴、藤原剣、荒川康一、石川彩乃、三浦正基、藤田祥子、冨樫幸恵、石井ひかり、針金友理子、盛禎央、石塚健悟が担当しました。

目次

はじめに　3

プロローグ　人口一億人維持、どこへ

全国半数超、すでに推計割れ　10
県内十四市町村も　11
人は減り、そしてクマが増え　12

第一部　看板政策、ねじれた発進

増田レポート、十年後の異変　18
ささやかれてきた官の影　21
「役人っていうのは、言わないもの」　24
戦略的な殺し文句……「消滅」　28
レポートと骨太方針、うり二つ　31
民からの提言「長いドラマ」　34
アベノミクスの穴埋め、そして　38
初代大臣、首相の思惑優先　42
増田寛也氏インタビュー　46

第二部　強いられた競争

どこもかしこもプレミアム　52
大臣「地方は知恵比べして」　56
コンサルバブル、似通う戦略　60
地方締めつけ、交付税の変質　63
交付金次々、自治体を支配　67
交付金はもらったけれど……　71
政府と地方、相互に不信　74

第三部　女性不在、若者不在

流出のわけ、わかってなかった　80
「感覚論の社会政策だった」　83
「若者三十万人雇用」のむなしさ　87
雇用の質、着目はしていた　90
シルバー民主主義の果てに　94
秋田を出た女性たち、何思う　97
抜け出せない「男優先」　101

第四部　止まらない一極集中

アクセル踏んだ先に　106
国のかたち描けず、東京膨張　110
大学の定員抑制、中途半端　114
中枢都市圏「やってる感」　117
省庁移転、無理筋の手挙げ方式　121
「官製移転」に企業そっぽ　125
速く、高く、強くの果てに　128

第五部　本気だったのか

看板かけ替え、場当たり的に　134
政治家も官僚も地盤沈下　137
姿を消した二つの大目標　141
有識者会議乱立、検証置き去り　145
「縦割り打破」、かけ声倒れ　148
陳情政治をくり返す間に　151
巧妙な集権、自治を崩す　154

第六部　まだないしごとを興す

「にぎやかな過疎」で何が　160
「やったらええ」、まち変わる　164
誰かが始めるから、始まる　168
チャレンジにやさしいまち　171
「秋田には仕事がない」正体は　175
「徒歩二十分圏内」でまちづくり　179
会社の成長、数字だけじゃない　183
世界のタイムマシンに　187

第七部　地域の触媒であれ

役場職員には何もできない？　194
公務員は型破りだっていい　197
まちづくり、主役は住民　201
行政と住民、つなぐは議員　205
話し合いの先に変化が　208
秘めた力で変化起こせ　212

第八部　寛容、そして希望
「希望」最下位、どうする秋田　218
おおらかな社風、人を呼ぶ　222
「遊び」がワクワク生んだ　226
行動なければ変わらない　230
変わり続ける、その先に「希望」　234

第九部　リーダーよ起て
首長は国の「中間管理職」なのか　240
経営戦略にたけた首長がいた　243
改革の道、みんなで行く　246
副市長室、いつでもウエルカム　250
すがらず頼らず、自ら動く　253

第十部　「地方創生」の先に
「ないものはない」離島の挑戦　258
島根が開く道、百年記す　265
関係人口、都市と地方結べ　269
しなやかな縮小戦略を　273
いまこそ、なつかしい未来へ　277
「地方」への違和感乗り越えて　282
絶望のなかにこそ希望が　286
「地方創生」とは何だったのか　290

おわりに　299

主要参考書籍　301

本書は秋田魁新報に二〇二四年一月から六月まで掲載した企画記事を加筆修正してまとめたものです。人物については敬称略。年齢・肩書き、住所、所属団体は掲載当時のもの、引用記事・文は掲載・発表当時のものです。

プロローグ　人口一億人維持、どこへ

「二〇六〇年に人口一億人維持」を掲げる「地方創生」が岐路に立っている。政府が看板政策として始めて、二〇二四年で十年。人口減少は止まらず、地方の衰退は進むばかりだ。全国ワーストのペースで人口が減り続ける秋田から政策の問題点を検証し、地方の未来を模索していく。

全国半数超、すでに推計割れ

「地方創生」スタート時に全国の自治体が推計した将来人口と現実との隔たりを見るため、秋田魁新報は二〇二三年十一～十二月、全国千七百四十一市区町村にアンケート（注）を実施した。二〇二五年時点の推計人口を明らかにした千二百八十八自治体の回答を見ると、五十三・三％に当たる六百八十七自治体が二〇二三年時点で既に二〇二五年推計を割りこんでいた。

自治体によっては、二〇四〇年や二〇六〇年時点の推計人口をすでに割りこんでいるところもあった。二〇四〇年推計を割りこんだのは全自治体の十・九％、二〇六〇年推計を割りこんだのは六％だった。こうした現状を受け、人口ビジョンを改定して推計人口を下方修正した自治体が半数以上あった。

「地方創生」は、人口減少の克服と東京一極集中の是正を目的に、第二次安倍政権が二〇一四年に始めた。政策の柱は、人口の将来見通しを示す「人口ビジョン」と、その人口を維持するための施策を定める「総合戦略」。政府と自治体それぞれが策定している。

「地方創生」の司令塔となる「内閣官房まち・ひと・しごと創生本部」は、政府が掲げる「二〇六〇年に一億人程度」という目標を念頭に人口ビジョンを策定するよう、地方側に求めた。各自治体は、二〇二〇年からおおむね五年刻みで二〇六〇年までの推計人口を算出した。

自治体行政学が専門の金井利之東大教授は「国の号令で策定しろと言われれば、自治体は高めの数字を出さざるを得ない。少子化対策により国が人口総数を維持しない限り、自治体間では人口の取り合いになるので無理があった」と話す。

こうした状況について、取材班が自見英子地方創生担当相に二〇二三年十二月二十六日の閣議後会見で見解を問うと、自見氏は「地域によっては厳しい見通しが示されているのは認識している。地域の声をしっかりと聞いて取り組みを深化させてまいりたい」と語った。

県内十四市町村も

県内の自治体では、鹿角、大館、男鹿、由利本荘、にかほ、大仙、仙北、小坂、藤里、八郎潟、井川、美郷、羽後、大潟の十四市町村が二〇二五年の推計人口を二〇二三年時点で下回った。推計人口を下回った割合が大きいのは井川町（六・二％）、藤里町（五・七％）、八郎潟町（五・一％）、大潟村（四・四％）、男鹿市（三・三％）など。

このうち、大潟村は二〇二五年だけでなく、二〇四〇年と二〇六〇年の推計人口もすでに割りこみ、推計と現状の間に大きな隔たりが生じている。

注　本紙全国自治体アンケートでは、自治体ごとの人口ビジョンで推計した二〇二五年、二〇四〇年、二〇六〇年の人口と、二〇二三年十月一日時点の人口を質問した。千四百八十七市区町村から回答を得た（回答率八十五・四％）。二〇二五年推計を既に下回っている自治体を地図にグレーで示した（上図）。

人は減り、そしてクマが増え

「人生、終わりだ」

北秋田市阿仁笑内《おかしない》の中嶋アサ子（八一）は覚悟を決めた。二〇二三年十月十三日午前七時過ぎ。地面にうずくまる中嶋の背中にツキノワグマが迫っていた。

自宅裏でのクリ拾いはこの時期の日課。早朝から天気がよかったこの日はいつもより一時間ほど早い午前七時ごろ家を出た。「大きく実ったクリを早く拾いたかった」

　自宅を出てまもなく、三〇メートルほど先のクリの木にクマがいた。逃げようとしたが、クマが向かってくる気配を感じ、うずくまった。右耳の後ろに衝撃があったかと思うと、刃物で切り裂かれたような痛みが広がった。首のタオルを傷口に当てながら転がるように逃げ、自宅へ。タオルから血がしたたり落ち、上着の袖がみるみる真っ赤に染まった。

クマがいた林に立つ中嶋。クリ拾いに行こうとして襲われた日を振り返る（2023 年 11 月、北秋田市阿仁笑内）

　人の生活圏へのクマ出没が増加した要因として、クマが身を隠して移動するのに都合が良い、耕作放棄地や手入れ不足の里山林が増加したことや、里山林などでの人の活動が低下し、人と野生動物とのすみ分けの緩衝機能を果たさなくなってきたことが考えられる。


二〇二二年三月に県がまとめたツキノワグマ管理計画には、クマの生息域が拡大を続ける現状についての分析がこう記されている。

　県の管理計画はこれまで、二〇〇二年、二〇〇七年、二〇一二年、二〇一七年と五年おきに策定されてきた。この間、クマの生息域は拡大の一途をたどったが、その要因について

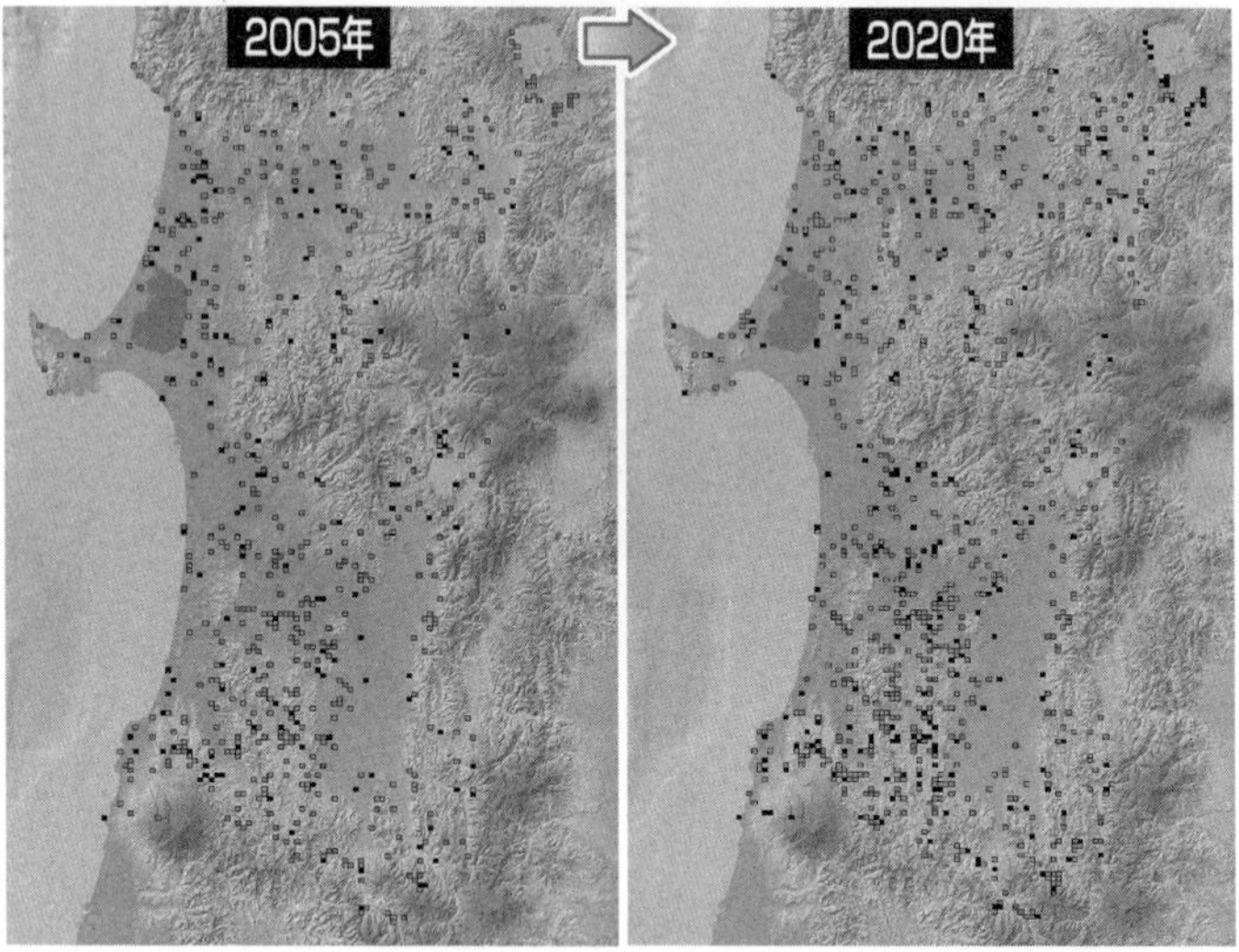

の県の見方は当初、木の実のなり具合との関連などを推測するだけだった。

「生息区域が里山周辺に急速に拡大している」と危機感を示し、人口減による人間社会の縮小とクマの活動領域の広がりを関連づける見方を記したのは、二〇一七年の第四次計画が初めて。二〇二二年第五次計画の記述は、その見解を維持したものだ。

「自分が嫁いできた六十年ほど前、笑内集落は三十世帯以上あったが、いまは十五世帯くらい。空き家が増え、下草刈りなども行き届かなくなってきているように感じる」。中嶋は地域の現状をこう語る。

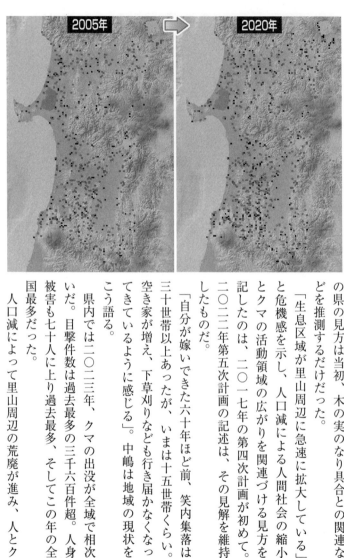

県内では二〇二三年、クマの出没が全域で相次いだ。目撃件数は過去最多の三千六百件超。人身被害も七十人に上り過去最多、そしてこの年の全国最多だった。

人口減によって里山周辺の荒廃が進み、人とクマの緩衝地帯が失われつつある――。こうした見方は妥当なものなのか。

秋田魁新報は、地理情報システム（GIS）を使って県内を一キロ四方のメッシュで区切り、国勢調査での比較が可能な二〇〇五～二〇二〇年の人口の変化を分析した（右図）。この十五年間で人が居住した実績のある四千三百三十五区画のうち、人口十人以下のエリア（グレー）は四百八十四から六百四十五へ、人口ゼロとなったエリア（黒）は百四十五から二百二十二へとそれぞれ増えていた。クマに襲われた中嶋の自宅から半径十五キロの範囲にも、人口ゼロになったエリアが八つ。県内全域を見渡せば、中山間地を中心に至るところで人の営みが薄れていった経過が浮かぶ。

これとは別に、一キロ四方ごとに二〇二〇年の人口規模に応じて色分けした地図を作成。二〇二三年のクマの出没地点を重ね合わせると、人口千人以下のエリアへの出没が八割超を占めた。人口が密集する秋田市中心部や平野部が広がる横手盆地への出没は少ないが、その周縁には出没地点がびっしり並ぶ。クマの圧力がこうしたエリアのすぐそばへも迫っている現状が突きつけられる。

北海道でのヒグマ研究をへて、二〇二〇年度から秋田県庁でツキノワグマ対策に当たっている自然保護課職員近藤麻実（三九）は言う。

「人口減少や暮らし方の変化が十年、二十年と続いてきた結果が現在です。われわれはクマに負けている。いまの時代に合った押し返し方や距離の取り方を模索しなければならない」

人が暮らすエリアが縮小を続け、その一方でクマの生息域が急拡大していった近年はまさに、

「地方創生」の十年に重なる。

ピーク時の一九五六年に百三十五万人だった県人口は、いまや九十一万人。毎年の減少数はこの十年、むしろ拡大している。全国一の人口減少県から見る「人口減少の克服と東京一極集中の是正」という政策目標は、ただむなしく映るばかりだ。

クマに襲われた中嶋が自宅裏手にクリの木を植えたのは、結婚してまもない二十四歳ごろ。将来、孫とクリ拾いを楽しもうという夢があった。

いま、三人の子どもと孫六人は県内外に暮らし、夫は入院中。クマの気配を感じながらの一人暮らしだ。

「これだけクマが出てくると、安心して出歩けない。生きていくのが大変だ」

第一部

看板政策、ねじれた発進

増田レポート、十年後の異変

村の出生数が年間十人を割りそうだという報告を大潟村村長の高橋浩人（六三）が受けたのは、二〇二二年夏のことだった。

琵琶湖に次ぐ広さを誇った湖、八郎潟を国が干拓し、一九六四年に誕生した大潟村。全国の入植希望者から選抜された六世帯十四人でスタートした村はその後、国内屈指の大規模農業の舞台として発展を続け、ピーク時の一九八〇年に人口三千三百三十四人を数えるまでになった。

その後は減少傾向が続いてきたものの、出生数が一桁まで落ちこむとなれば初めてのこと。「以前は年間三十人ぐらいだったのが二十人台に減り十人台になり気にはなっていたが、一桁とはびっくりした。こんな状況が続いたらまずいぞと」

その大潟村が、県内二十五市町村のうち唯一将来が保障された自治体として注目されたことがある。いまから十年前。「地方創生」開始のきっかけとなった、いわゆる「増田レポート」が二〇一四年五月八日に公表されたときのことだ。

増田レポート――。元総務大臣でいまは日本郵政の社長を務める増田寛也（七二）が中心となって公表した政策提言「ストップ少子化・地方元気戦略」をいう。

旧建設省のキャリア官僚から一九九五年に岩手県知事に転じ、「改革派知事」の代表格として三期。二〇〇七～二〇〇八年には民間閣僚として総務大臣も務めた増田はこのとき、民間の政策提言団体「日本創成会議」の人口減少問題検討分科会座長を務めていた。

増田レポートは、「眼前に迫っている『不都合な真実』とも言うべき事態を、国民が正確かつ冷静に認識することからすべては始まる」として、人口減少問題に対し国全体で早急な対応をとるよう迫った。特に耳目を集めたのは、二〇四〇年までの三十年間で二十～三十九歳の若年女性が半数以下に減る自治体が八百九十六市区町村に上るという試算。こうした自治体は運営が難しくなり、「将来的に消滅するおそれがある」とした。これらの自治体に東京都豊島区が含まれたことも話題となり、全国の新聞社やテレビは増田レポートを大々的に報じた。

レポートを公表する会見で記者らに説明する増田（左・2014年5月8日、東京・港区、写真提供・共同通信社）

県内では、大潟村を除く二十四市町村がこれに該当するとされた。県内の市町村に占める割合は九十六%で、全国ワースト。そうしたなか、大潟村だけは唯一、若年女性が三十年間で十五・二%増えるとされた。

日本創成会議は大潟村について、二〇一四年八月出版の中公新書『地方消滅』で「農業の大規模化、産業化が進み、人口も安定している大潟村は、農村部からの若者流出に歯止めをかけているきわめて重要な事例」と絶賛。増田もこの年の『日経グローカル』のインタビューでこう述べた。

秋田県では大潟村の健闘が光る。若年女性人口が十五・二％も増えるとは驚きだ。

大がかりな干拓事業を進めた同村では、農地の規模が大きく農業経営の仕方が効率的で、しかも女性の働き場所が多い。こうした状況を浮き彫りにするデータはいままで存在しなかった。今回の推計結果が人口減対策を打ち出す糸口になれば。


しかし、その後の流れは増田レポートの未来図とは大きく異なるものになった。

大潟村の二〇一〇～二〇二〇年の人口推移を見ると、若年女性は二十五・七％減少。若年女性が増えると増田レポートが推計した自治体は全国に十五市区町村あったが、そのいずれもが、実際には若年女性が減少した。十五・八％増という全国トップの割合で増えるとされた石川県川北町に至っては、マイナス三十五・三％という大幅な減少ぶりだった。


増田レポートで若年女性が増えるとされた市区町村

	増田レポート	国勢調査
石川県川北町	15.8％	-35.3％
大潟村	**15.2**	**-25.7**
福岡県志免町	4.8	-21.1
宮城県富谷市	8.3	-20.7
京都府木津川市	3.7	-16.3
大阪府田尻町	3.8	-15.9
横浜市都筑区	13.4	-14.1
富山県舟橋村	7.5	-13.5
埼玉県滑川町	0.8	-13.2
福岡県粕屋町	11.3	-11.9
鳥取県日吉津村	6.8	-11.4
愛知県日進市	1.8	-10.5
愛知県幸田町	1.3	-10.3
埼玉県吉川市	1.7	-9.0
群馬県吉岡町	1.9	-7.8

※増田レポートは2010～40年の増減率の推計。国勢調査は2010～20年の実際の増減率。

増田レポートは、国立社会保障・人口問題研究所（社人研）の推計を基に若年女性人口の推移を試算したが、その分析には落とし穴があった。

大潟村でいえば、県立大生物資源科学部の大潟キャンパスが村内にあり、進学でやってきて卒業後は多くが村を離れる女子学生が百人余り寮に居住しているという特殊事情が考慮に入れられていなかった。女子学生たちは村の十五～二十四歳女性の約六割を占め、その存在は増田レポートの将来推計を狂わせるのに十分だった。

こうした点について、増田レポートをまとめた人口減少問題検討分科会のメンバーだった明治大教授（人口経済学）の加藤久和は「社人研の推計は機械的な計算が前提。増田レポートも機械的な計算なので、地域ごとの事情までは取り入れられていない」と説明する。

大潟村村長の高橋は増田レポートの発表当時を振り返り「大潟村だけは女性が増えると言われていたが、増えるとは思っていなかった。そんな要素はなかった」と話す。

一世を風靡《ふうび》した将来推計とは異なる現在を、村は懸命に歩む。「人口減少が急激に進んでいて、目標としてきた『人口三千人の維持』ができなくなっている」

県の統計によると、二〇二二年の村の出生数は九人。増田レポート公表時に三千百二十八人いた人口は二〇二三年十二月一日現在、二千八百四十三人となっている。

ささやかれてきた官の影

越後の寒村から出た庶民宰相、田中角栄の「日本列島改造論」。

香川の農家に生まれた大平正芳による「田園都市構想」。

茨城出身で「愛郷無限」をモットーとした梶山静六が発案した竹下登内閣の「ふるさと創生」。

地方の再生に重きを置いたこれら歴代政権の長期ビジョンには、共通する顔がある。地方をバックボーンとする政治家の政治信条が、政策の根幹に色濃く反映されている点だ。

それらと対比したとき、「地方創生」は異なった性格を持つ。一つは、看板政策として打ち出したのが東京生まれ東京育ちの首相安倍晋三だったこと。そしてもう一つが、「増田レポート」という民間からの政策提言をきっかけに立案されたことだ。

ただし、そこではある見方がささやかれてもきた。官僚の関与だ。

鳥取県知事や総務大臣を務めた片山善博（七二）は、雑誌『世界』二〇一五年五月号の対談記事で増田レポートについてこう指摘している。

民間有識者のレポートという形態をとってはいますが、明らかにある思惑や意図を持ったグループ、多分に霞が関の影のタスクフォースが出したものだと思います。世の中に衝撃を与えるようなレポートを出すことにより、自分たちの政策を進めやすい下地をつくろうという意図があったことは明らかです。

二〇二三年六月、取材班は片山に、十年近い時を下った現在から見る増田レポートの評価を尋ねた。「霞が関の厚労省などの人たちが中心になって打ち出した節がある。いずれ地域を維持できなくなるよ、という衝撃的なレポートだった」。以前と変わらぬ見方を示した。

「増田レポート」に対する自身の見方を語る片山（2023年、オンライン取材）

政策の実現を企図した「脅し」は「霞が関の常とう手段だ」。片山はそう語り、続けた。「でも、あまりに衝撃的だったから、当時の安倍政権が政権の浮揚策に利用できるかもと飛びついた。増田さんたちからすれば、痛しかゆしの面もあったのではないか。あんなに大々的に取り上げられて」

増田レポートは霞が関の意向を色濃く反映したものだったのか。二〇二三年六月、取材に応じた増田寛也（七二）に取材班は尋ねた。

「それは全然なし」。増田は言下に否定した。

しかしその後、関係者の取材を重ねるなかで、取材班は「『地方創生』のキーマンはあの人」「増田レポートの立役者は彼だ」といったかたちで、ある人物の名をたびたび聞くようになった。

山崎史郎――。「ミスター介護保険」の異名もある元厚生労働官僚だ。

一九五四年、山口県生まれ。二〇〇〇年に始まった介護保険制度の立案と施行に携わり、民主党政権下の二〇一〇年には首相秘書官に就任。「地方創生」では、政策を進める中心組織として二〇一四年九月に発足した「内閣官房まち・ひと・しごと創生本部」の事務局長代理に就き、その後、翌年一月に新設された事務次官級ポストの「地方創生総括官」に起用された。六十九歳の現在は内閣官房参与の立場で、全世代型社会保障構築本部事務局の総括事務局長を務めている。

山崎の著書『人口戦略法案』

山崎には社会保障や人口問題にからむ著書が複数あるが、そのなかでも、二〇二一年刊行の『人口戦略法案』（日本経済新聞出版）は異色の作品だ。

霞が関や永田町を舞台とする小説のスタイルをとりながら、人口減少に危機感を持つ内閣府の中堅官僚が首相らとともに「人口戦略法案」の成立に向けて尽力するさまを描く。

約五百六十ページに及ぶ大作はあくまでもフィクションの体裁を取りつつ、人口減少問題に関する豊富なデータはいずれも現実のもの。ストーリー展開の合間に、登場人物の語り口を通じて、人口問題の基礎知識をこれでもかという質量で解説していく。

主人公の中堅官僚は北海道庁への出向経験があり、山崎の経歴と重なる。サブタイトルは「人口減少を止める方策はあるのか」。人口減問題の克服に向けた並々ならぬ思いを託した一冊という印象だ。

二カ月近い調整をへて、取材班は山崎から取材の約束を取りつけた。

「役人っていうのは、言わないもの」

二〇二三年十一月下旬、取材班は東京・霞が関で内閣官房参与の山崎史郎（六九）と向き合った。

合同庁舎八号館の内閣官房参与室。幾度も読みこんできた『人口戦略法案』をテーブルに置くと、山崎は「やけに付箋が多いな」と言った。

「少子化は日本の経済とか、社会とか、若者たちのいろんな生活とか、あらゆるものが重ね合わさった結果。変えるには、腰を据えて総合的に取り組んでいかないといけないんですよ」

「国も地方も、やり尽くしたように思っちゃいけない。諦めちゃいかんわけですよ」

持論を展開する山崎に「『増田レポート』のキーパーソン、立役者だとあちらこちらで聞く」と水を向けた。「だめだよだめ、それはだめ。私のことはちょっとね」。そう言葉を濁した。

『人口戦略法案』は、日本が人口減少という「長くて急な坂道」を転げ落ちつつあると警鐘を鳴らす。

戦後日本の人口の動きを概観し、その減少に歯止めがかからなかった背景に、東京圏への一極集中があると指摘。東京は子どもを産み育てる環境としては厳しいのに、その東京に若者が吸い寄せられ続けてきたことが、少子化の進行を引き起こしたという見解を、登場人物らの言動を通じてくり返し訴える。

作中の首相は所信表明演説などで、これまでの人口減は政治や行政、国民が問題に向き合い、解決に力を尽くさなかった「不戦敗」の結果ではないか、と問いかける。

　私たちは、将来世代のために「勇気」をもって、人口減少の流れを止めるという挑戦をしなければなりません。

将来世代に重い手かせ足かせをはめ、彼らが生きていく選択肢を狭める、無責任な行動をとってはならない。

小説は、中盤の一章を「地方創生」に割く。東京一極集中のさらなる加速に官僚や自治体職員が懸念を示し、若者に焦点を当てた政策を実行する重要性を訴える。

政治や行政を長く取材し、山崎を知るジャーナリストは言う。「『地方創生』という政策は、実質的に彼の研究成果が骨格になっている。山崎さんにしてみると、本格的な人口減対策をしないと日本が大変な危機を迎えるという、そういう意識があったのではないか。それをみんなが寄ってたかって使ったとも言えるかもしれない」

現在、山崎は国際医療福祉大・人口戦略研究所（東京）の所長も務めている。

そんな山崎について「増田レポートの立役者」という評が多方面から聞かれるのはまぎれもない事実だ。重ねて問うと「私からは何も言えません。そう（立役者と）書かれるのは全然勝手だけど、私が『はい』と言うわけにはいかない」。

なぜ言えないのか。「それはね、あの時、役人なの。役人っていうのはね、言わないもんなの。言わないの。だってずっといままで一度も言ってないんだよ」

「全然関わってないとは言わないけど、私が主導したことはない。やっぱり増田さん中心なんだから」

「私以外の役人だっていっぱいみんな一緒にやってんだよ。厚労省だけじゃない。現役もいればOBもいる」

こうしたやりとりのなか、山崎は人口減少問題が東京では深刻に受け止められていないのだと、もどかしさを口にしだした。

厚生労働省から内閣府に出向し政策統括官を務めていた二〇〇八年の年末、リーマン・ショックを機に相次いだ派遣切りの問題で東京・日比谷にできた「年越し派遣村」を目の当たりにした。それ以降、若者が安心して子どもを産み育てられる社会をつくる重要性を訴え続けてきたという。

「何度も何度も言ったんだけど、東京の人たち、大都市の人たちは、自分の問題と思ってないんですよ」

そんななか、深刻な人口減に直面する地方の側に期待をかけるようになったという。「この問題を最も深刻に考え、影響も受けている『地方』がリーダーになって変えていくしかない」。山口県下関市出身の山崎は、全国最速のペースで人口減少が進む秋田の現状を知りたがり、取材班との会話がしばしば弾んだ。

取材の終わり、促されてボイスレコーダーを切った後、最後に山崎は言った。

「諦めちゃだめだよ。ほんと、諦めちゃだめだから」

自身の作品の登場人物のような口調だった。

取材に応じた山崎。「増田レポート」への関与については口を濁した（2023年11月、東京）

戦略的な殺し文句……「消滅」

「これは大変だ」。二〇一四年五月八日、東成瀬村の前村長佐々木哲男（八二）は夜の報道番組を見てうなった。「増田レポート」を報じるニュース。「消滅するようなところがたくさん出るんじゃないかって。自分たちも対象なんだと、相当な危機感を持った」

「地方創生」政策が始まるきっかけとなった増田レポートが世に出るにあたり、大きな契機をつくった雑誌がある。『中央公論』二〇一四年六月号。「緊急特集　消滅する市町村五百二十三全リスト」と銘打った表紙には、人っ子一人いないシャッター街の写真。ＪＲ奥羽線鷹ノ巣駅に近い北秋田市の商店街を写したものだ。

「レポートの発表を五月八日にしてもらったんですね」

当時、同誌の編集長だった中央公論新社社長の安部順一（六二）は振り返る。「ムーブメントにしなきゃいけないと思っていたので」

民間の政策提言団体「日本創成会議」の人口減少問題検討分科会座長だった増田寛也（七二）は、二〇一四年五月八日に都内のホテルで会見を開き、増田レポートを公表。二十〜三十代の若年女性が二〇四〇年までの三十年間で半数以下となる自治体が八百九十六に上るという試算を示した。このうち人口が一万人以下になる五百二十三自治体は「将来的に消滅するおそれが高い」というショッキングな見解は、全国のメディアを通じて大々的に報じられた。そして二日後の五月十日、「消滅する市町村五百二十三全リスト」を掲載した中央公論六月号が発売される。

安部によると、ここに至る流れの発端は前年にあった。

増田らが人口問題の研究に取り組んでいるという情報を、ある勉強会で同誌の編集者が聞きつけた。「だったらうちで取り上げられないかという話になり……」（安部）

「いま日本は、全国が『限界自治体化』する危機を迎えている」と警鐘を鳴らした増田名義の論文を中心とする特集「壊死《えし》する地方都市」が二〇一三年十二月号で組まれた。これに続く第二弾として練られた企画が、増田レポートの誌面化だった。

読売新聞経済部出身の安部は、新聞やテレビを巻きこんだメディア展開を構想。増田側に二つの点を要望した。一つは、中央公論六月号発売の二日前に増田レポートを公表すること。もう一つは、同誌に掲載する記事やタイトルでは「消滅」の二文字を前面に押し出すこと。

当初、増田は「存続可能性自治体」と表現する考えだったが、安部は「消滅」にこだわった。

八日に発表すれば、翌九日付の新聞各紙が大きく掲載する。さらにその翌日に「消滅」リストを載せた中央公論を発売して詳細を伝え、一気に世論を喚起しよう――。そう訴え、増田の了承を得た。

「消滅」という衝撃的な言葉を用いた理由はどこにあったのか。

「リストに載るってことは、危ないんだっていうのがはっきりす

閑散とした商店街の写真に衝撃的なタイトルが躍る『中央公論』2014年6月号

「消滅」にこだわった理由を語る安部（2023年8月、東京・大手町の中央公論新社）

る。『存続可能性に乏しい市町村』って言われたところでピンとこない」

「だから、やっぱり消滅っていう言葉が必要だった。覚醒させなきゃいけないみたいなところがあった。いまのままでもなんとかなるんだと多くの地方は思っているので」「雑誌的に考えても、消滅っていう言葉があるから、みんなが手に取りたくなる」。安部は当時の狙いをそう解説した。

一方、この時期の増田の肉声はトーンが異なった。八日の会見に出席したあるジャーナリストは言う。

「自治体が消えるっていう話は、会見全体のなかではほんの少しだった。あまり刺激を強くしすぎないようにしようという意識を感じた」

当の増田はこう振り返る。「初めは、さすがに『消滅』ははばかられた。いろいろお叱りも受けたが、結果的に全国で深刻に受け止めてもらえたことを思えば、『消滅』と書いてよかった」

中央公論二〇一四年六月号は、安部が編集長に就いて最初につくる号だった。雑誌発売後、安部は電子版の編集後記に次のように記した。

「五月九日の朝刊では、新聞各紙が一面で『二〇四〇年には、全国半数の自治体で若年女性が半減してしまう』という日本創成会議・人口減少問題検討分科会の推計を報じました。実はこの話、本誌六月号の特ダネで（略）」「詳細な市町村リストを掲載しています。ぜひ、皆様のお住まいの町、故郷の町の二〇四〇年の姿を見てください」

同誌のリストで東成瀬村は三十年間で若年女性が五十九・一％減るとされ、「消滅する市町村」に挙げられた。前村長の佐々木は言う。

「最初は衝撃を受けましたよ。だけど少し考えるうちに、これは違うんじゃないかと思った」

「地方では生活ができなくなるという危機感ばかりが増田レポートでは強調されていた。だが、地方には地方の生きざま、生きようがある。その考えがないと政策は間違った方向に行きますよ」

レポートと骨太方針、うり二つ

＜一時五十三分、増田寛也元総務相、丹呉泰健前内閣官房参与。＞

本紙二面「首相の一日」が伝えるこの動静は、二〇一四年五月十九日のもの。「増田レポート」の公表から十一日後のこの日、増田寛也（七二）が、元財務次官の丹呉泰健《たんごやすたけ》（七二）を伴って官邸を訪問し首相安倍晋三と面会した際のものだ。

増田はこう振り返る。「二十分ぐらいしか時間が取れなかったが、『総理の地元の（山口県）長門市でもこんなふうに人口が減ります』と説明した。全国どこも大なり小なり人口が急激に減っていく、一方で東京だけは若い人たちの流入が圧倒的に進みます、というようなことを」

この時期、増田は政府・与党側への接触を重ねていた。

増田によると、増田レポートの公表を数日後に控えた五月初旬には官房長官の菅義偉（七五）を訪問。「（レポートを）発表する前に菅さんの耳にも入れておこうと。菅さんの地元の湯沢もこういう将来像ですよ、ということをデータを示して説明した」「いろいろな対策を講じてもらう必要があるので、提言してから何人かの国会議員にも説明した。石破さんのところにも、発表前に説明に行った。非常に深刻に受け止めていただいた」

当時自民党幹事長だった石破茂（六六）によると、増田と会談したのは二〇一三年の秋ごろ。都心のホテルで二時間ほど朝食を取りながらのことだった。「石破幹事長、話を聞いてくれ、って言われて。もちろん前から知っているんで、じゃあ会いましょうって。増田さんの話を聞いた時の衝撃って、強烈に印象に残ってますよ」

増田も委員に加わった「選択する未来」委員会。「増田レポート」を踏襲した中間整理をまとめることになる（写真提供・共同通信社）

一方で増田は、二〇一四年一月に設置された政府の専門調査会「選択する未来」委員会の委員となり、ここでも人口減社会に関する議論をリードしていた。

第一回の会議では、「私の推計では、二〇四〇年よりちょっと先に全国で五百以上の市町村が消滅するのではないかと思っている」と発言し、三カ月ほど後の増田レポートと同様の見解を披露。

増田レポートの公表から五日後の五月十三日に委員会がまとめた中間整理は「全国の五百二十三自治体は『消滅可能性』が危惧される」として、増田の見解を踏襲した内容となった。

それから一カ月余りたった六月二十四日、政府は「骨太の方針二〇一四」を閣議決定した。増田レポートと骨太の方針二〇一四を見比べたとき、根幹の部分で似通った点が複数あることに気づく。

増田レポートは、若者が大都市に流入する流れを変える必要があると指摘。総合的な対応が重要だとして、内閣に総合戦略本部を設置することを提言した。

一方、骨太の方針は、東京一極集中に歯止めをかけるとともに、総合的な政策を進めることが重要だとし、司令塔となる本部を設置すると明記した。

また、「地域拠点都市」への投資と施策の集中を説く増田レポートに対し、骨太の方針は、「地方中枢都市圏」の形成を図り活性化を実現すると記した。

「中央への人の流れの阻止」
「幅広な総合的政策」
「施策を統括する本部の設置」
「地方ごとに中枢となる都市の形成」

増田レポートという民間の提言を下敷きにしたかのようにも見える、政府の施策。これは何を意味するのか。

「地方創生」についての調査研究を長く続けてきた地方自治総合研究所（東京）の研究員坂本

増田レポートと骨太の方針の類似点

増田	骨太
▶地方から大都市へ若者が流出する「人の流れ」を変え、「東京一極集中」に歯止めをかける。	▶東京への一極集中傾向に歯止めをかけ、少子化と人口減少を克服することを目指した総合的な政策の推進が重要。
▶内閣に「総合戦略本部」を設置し、長期ビジョンや総合戦略を策定。行政の縦割りを排除した総合的な対応も重要。	▶司令塔となる本部を設置し、政府一体となって取り組む体制を整備。
▶「若者に魅力ある地域拠点都市」を中核とした「新たな集積構造」の構築に投資と施策を集中することが重要。	▶地域の合意形成の下での都市機能集約や地方中枢都市圏の形成を図り、行政サービスの集約と経済活動の活性化を実現する。

誠（四八）はこう指摘する。「増田レポートが発表されてから『地方創生』が政策化されるまで、非常に早かった。出来レースというか、何かシナリオ通りに進んだ感じがする」

骨太の方針の公表から二カ月余り後に発足した第二次安倍改造内閣で初代の地方創生担当大臣に就任した石破はいま、両者の類似についてこう語る。

「珍しいことだと思いますね。大体この手のものって役所がレポートを出してきて、それで動くものだもんね」

民からの提言「長いドラマ」

「長いドラマのなかから出てきた『地方創生』なんですよ」

公益財団法人「日本生産性本部」（東京）の理事長、前田和敬（六四）は言う。「増田レポート」を生んだ政策提言団体「日本創成会議」の母体ともいえる組織が、長く政官界に独自の影響力を及ぼしてきた日本生産性本部だ。

日本が戦後復興を遂げつつあった一九五五年、生産性本部は政府と連携して企業や産業の生産性向上に取り組む民間団体として発足。米国への視察団派遣などを通じて高度経済成長を支え、その後は企業の人材育成支援などに活動の幅を広げてきた。

そのかたわら取り組んできたのが、政治改革に関する提言活動。前田の言う「長いドラマ」は、二〇一四年に第二次安倍政権が打ち出した「地方創生」を、一九八〇年代以降民間から続けられてきた政策提言の流れに位置づけるものだ。

『平成デモクラシー　政治改革二十五年の歴史』に掲載された写真（東京新聞提供）。佐々木（右から２人目）と増田（左）の姿が確認できる

「この写真を見てください」。前田は手元の書籍を開いた。『平成デモクラシー　政治改革二十五年の歴史』（二〇一三年、講談社）。生産性本部が事務局を務めた「二十一世紀臨調」の活動を軸に平成期の政治改革を総括した書籍で、元東大学長の佐々木毅（八一）が編著者を務めた。前田自身も著者の一人に名を連ねる。

前田が示す写真は、二〇〇三年に二十一世紀臨調が開いた記者会見のもので、佐々木と増田寛也（七二）の姿がある。

一九六〇～八〇年代、行政改革推進のため旧総理府の付属機関として設置された「臨時行政調査会」（臨調）という

民間からの政策提言に深く関わってきた前田（2023年12月、東京・永田町の日本生産性本部）

公的な提言機関があった。

その後、リクルート事件などを機に政治改革を求める世論が急激に高まった一九八〇年代終盤以降、民間の有識者らのグループが政治改革などについて提言する「民間臨調」とでもいうべき動きが出始める。代表的なものが、一九九二年に発足した「民間政治臨調」と、その流れをくみ一九九九年に発足した「二十一世紀臨調」。生産性本部は、事務局を務めるなどこれらの活動に深く関わった。

美郷町出身で、秋田高、東大をへて日本を代表する政治学者となった佐々木の名を世に広く知らしめた著書が、一九八七年の『いま政治になにが可能か』（中公新書）。長きにわたる自民党政治の限界を突いて政権交代の必要性を論じ、吉野作造賞を受賞した。佐々木の代表作の一つに数えられるこの著作は多方面に影響を与え、生産性本部に入って数年の前田もその一人だった。

「読んで感動して、佐々木さんとはそれからのつきあい」。前田に請われ佐々木は民間政治臨調に加わり、活動の中核を担うようになる。

「二人三脚で改革をいろいろやってきた。二〇〇〇年代に入りそこに加わったのが、岩手県知事の増田さん。いろんなことをやってみんな年を取り、もうひと踏ん張りやろうかというなかで、一番若い増田さんが中心になって、生産性本部のなかに日本創成会議をつくった」（前田）

政治への政策提言の流れ（→は主な提言）

1955年	▶日本生産性本部発足
1960〜80年代　行政改革の機運	
1962年	▶「第１次臨時行政調査会」→ 行政改革に関する意見書
1981年	▶「第２次臨時行政調査会」→三公社の改革
1980年代終盤以降　政治改革を求める世論	
1992年	▶「民間政治臨調」→選挙制度改革
1999年	▶「21世紀臨調」→マニフェスト選挙
2011年	▶「日本創成会議」→「増田レポート」➡「地方創生」

東日本大震災から二カ月後の二〇一一年五月に発足した日本創成会議は、増田が前面に立つかたちで矢継ぎ早に政策提言を重ねる。

この年十月には、再生可能エネルギー社会の確立に向けたインフラ整備を訴え、翌二〇一二年には、地方都市のグローバル化を主張。そして二〇一四年に発表したのが増田レポートだった。

生産性本部を軸とした改革提言活動に増田とともに深く関わってきた佐々木は言う。「日本が一番よかったころは政治三流、経済一流と言われ、極端なことをいえば経済が政治をばかにしていた。その後、バブルがはじけて経済界は発言力を失い、経済も政治もだめという状態がはっきりしたのが平成の後半。そこで日本創成会議をつくり、もがき始めた。社会の課題をもう一度、政治・経済の側に投げ返さなければいかんと」

前田は言う。「日本の国を生き物に例えると、寿命が尽きかけているとは言わないまでも、厳しい状況にはなってきている。増田さんとしては、岩手県知事をやり総務大臣をやりという経験のなかで、人口減対策をずっとやりたかったということじゃないか」

アベノミクスの穴埋め、そして

「増田レポート」の公表で全国に「消滅自治体」旋風が吹き荒れて一カ月余り。首相安倍晋三は二〇一四年六月十四日に島根県と鳥取県を訪れ、地域活性化の取り組みを視察した。訪問先を巡った後、鳥取県境港市で記者団を前にこう語った。

地域の活性化、地域の再生は安倍政権の重要課題。「地方創生本部」を設立して、私が本部長として先頭に立って引っ張っていきたい。

「地方創生」という政策が初めて公の場で語られた場面である。

国政と地方の関係について長年研究してきた、当時鳥取大地域学部教授だった藤田安一（現名誉教授、七二）は、地元で突如語られた「地方創生」という言葉に注目した。「地方の厳しい現実をむしろ見えないようにするためのスローガンなのではないか」

視察の十日後、政府は、重要課題や次年度の予算編成方針を示す「骨太の方針二〇一四」を閣議決定し、公表した。小泉政権の二〇〇一年度から続くこの文書に、「ローカル・アベノミクス」という文言が初めて刻まれた。

閣議決定後の記者会見で、安倍は語った。

景気回復の風はいまだ日本の隅々にまで行き渡っているとはいえない。だからこそ、ことし生まれた経済の好循環を一時的なもので終わらせるわけにはいかない。

景気回復の実感を必ずや全国津々浦々にまでお届けする。これこそがアベノミクスの使命。すべては成長戦略の実行にかかっている。本日、その成長戦略を大胆にパワーアップした。その最大の柱はなんといっても地方の活性化。成長の主役は地方です。

政策としての「地方創生」が初めて公の場で語られた瞬間（2014年6月14日、鳥取県境港市、首相官邸ユーチューブチャンネルより）

鳥取大の藤田はこの発言で二つの点に注目した。

一つは、大企業や富裕層が潤えばその恩恵が中小企業や低所得者にまで行き渡るとするアベノミクスの「トリクルダウン」が、そうした効果を必ずしも生んではいないと安倍自らが認めたこと。もう一つは、「地方創生」による地方の活性化を「成長戦略」の一環として推進しようとしていること。「当時、アベノミクスの恩恵がないことに対し、地方から批判や不満の声が出てきていた。富を地方にも分配しなければならないという必要性に迫られるなかで『地方創生』が打ち出された」（藤田）

「地方創生」スタート時に担当大臣補佐官を務めた伊藤（2023年8月、東京・永田町の衆院議員会館）

こうした点について、二〇一四年九月から二〇一六年八月に地方創生担当大臣補佐官を務めた衆院議員伊藤達也（六二、東京二十二区）は証言する。

「（「地方創生」が重要視する）『まち・ひと・しごと』のなかで特に仕事の部分、良質な雇用を創出することに力を入れてほしいという話が総理からあった」

伊藤は、「地方創生」の立ち上げ段階について「人口の議論が強すぎた。土台をつくったのは厚生労働省の山崎（史郎）さんだが、厚労官僚の問題提起だから、どうしても人口問題から入ってくる」と振り返る。人口問題の解決策を見いだすには経済やまちづくりの視点も必要だと、伊藤は政府内でくり返し主張したという。

「やっぱり僕からすると、『地方創生』の原点はローカル・アベノミクスだから」

「総理もそこは気づいていて、『たっちゃん、ちょっとそこ、てこ入れしてよ』という話だった。総理には、『地方創生』のなかでローカル・アベノミクスの色合いを強くしていこうという非常に強い考えがあった」

二〇二二年七月に安倍が凶弾に倒れ、翌二〇二三年は安倍政治を総括する書籍が相次ぎ出版された。それらの書籍には一つの共通した特徴がある。看板政策だったはずの「地方創生」への言及がほとんど見られないことだ。

共同通信などで長く政治報道に当たり、二〇二四年度日本記者クラブ賞を受賞したジャーナリスト後藤謙次（七四）による『ドキュメント平成政治史四　安倍「一強」の完成』（岩波書店）もそうした本の一つ。約五百ページというボリュームのなかに「地方創生」の四文字が登場するのは十カ所余りで、目次にも取り上げられていない。うち七カ所は政治家の肩書として出てくるだけで、その他の部分も政権幹部らの短い談話に登場する程度。政策の詳細に踏み入った記述はない。

その理由について後藤はこう述べる。

「安倍さんの口から、『地方創生』についてはほとんど聞いたことがない。『地方創生』は安倍さんにとって、選挙用のプラカードの一枚ぐらいのものだったんじゃないか。安倍政権のメインストリームでは全然なかった」

安倍政権が「地方創生」を打ち出した二〇一四年は、翌年春に統一地方選挙を控える年でもあった。

「地方創生」前後の選挙カレンダー

2007年	7月	▶参院選で自民が歴史的大敗
	9月	▶安倍が首相を辞任し第1次安倍内閣終わる
2009年	8月	▶衆院選で民主党が勝利し政権交代
2012年	12月	▶衆院選で自公が勝利し政権奪取。第2次安倍内閣発足
2013年	7月	▶参院選で自公が勝利し衆参のねじれ解消
2014年	5月	▶「増田レポート」発表
	6月	▶**安倍が「地方創生本部」新設を表明**
	9月	▶内閣改造。地方創生担当相に石破
	12月	▶衆院選。自公が勝利し第3次安倍内閣発足
2015年	4月	▶統一地方選
2016年	7月	▶参院選

後藤は言う。「安倍政権のカレンダーは選挙至上主義。大きな選挙を年間カレンダーに書きこんでいくなかで、当然見えてくるものがある。その意味で、『地方創生』は打ち出の小づち。困ったときの地方頼み。『地方』って言えば、反対する人は誰もいないんだから」

鳥取大の藤田は、二〇一五年四月の統

一地方選を前に、「安倍『成長戦略』による『地方創生』の特徴と問題点」と題する論考を発表した。そのなかに、「地方創生」の先行きを見通した予言的な一文がある。

「地方を活気づかせて地方振興につながるのか、それともよりいっそう地方の衰退を招くのか。いま、その見極めが求められる」

初代大臣、首相の思惑優先

「地方を元気にして、人口減少に歯止めをかけなければ日本全体が衰退する」

「『地方創生』をやり損なえば、国がつぶれるという強い危機感を持っている」

二〇一四年十二月、地方創生担当大臣の石破茂（六六）は秋田市のホテルで開かれた演説会でマイクを握り、強い調子で訴えた。

石破はこのころ、始まったばかりの「地方創生」を担当する大物大臣として全国を歩き、政策の最前線に立っていた。だが、大臣就任までの経緯には曲折があった。

その二年前、二〇一二年九月の自民党総裁選。石破は一回目の投票で地方票の過半数を獲得しトップに立った。しかし、国会議員による決選投票では安倍晋三に逆転され、総裁の座を逃した。その後安倍は「石破氏と私が協力することで強力な態勢をつくれる」とし、石破を党の要職、幹事長に起用した。

その後二年が過ぎ、安倍政権が「地方創生」を打ち出して二カ月ほどたった二〇一四年夏ごろ。

内閣改造を企図した安倍は、石破に防衛大臣就任を打診する。しかし、石破はこれを固辞。幹事長続投を望んだ。

「幹事長としての石破さんは、政府と全然違うことを言ってみたりといったことがしばしばあった」。政治記者として多くの政権を間近に見てきた三種町出身の読売新聞特別編集委員、橋本五郎（七七）は言う。「当時の石破さんからは『世が世なら俺が総理になったはずだ』と、『国会議員票で負けただけだ』と、そういう感覚が伝わってきた」

橋本らが聞き手を務めた安倍のインタビュー本『安倍晋三回顧録』（二〇二三年、中央公論新社）で、石破を幹事長から降ろそうとした経緯を安倍が語っている。

地方創生大臣就任3カ月後の石破（2014年12月、秋田市の秋田キャッスルホテル）

菅さんは党内に目を光らせていて、『石破さんの幹事長続投は政権の不安定要因になる』と言っていました。でも、当時も石破さんの人気は高かった。しかも自分で続投希望を表明していた。その人を交代させるのであれば、それなりの理由が必要でしょう。

石破さんには、安全保障関連法の困難な答弁が控えているから、『防衛相でどうでしょうか』と聞いたら、地方創生相を希望したので、意向通りに就任してもらったわけです。

幹事長だった石破の様子を振り返る橋本（右）と、安倍による初代地方創生大臣任命は「石破封じ」だったと語る後藤

二〇一四年九月の内閣改造で、石破は初代の地方創生担当大臣に就任した。

こうした経緯について、政治ジャーナリスト後藤謙次（七四）は次のように指摘する。「安倍さんの政権運営的な思惑が先行した人事。とにかく石破さんを幹事長から外したかった。総裁選をにらんで石破さんをどう封じこめるかと。だから、野に放つのではなくて閣内に閉じこめた」

当の石破の解説はこうだ。

「『石破は何の役にもつけないと何をするかわからない。何かやらせた方がいい』。そう言った人がいるとかいないとか。まあ、それで地方創生大臣が回ってきた」

「安倍さんからは、『地方創生』というのは安倍内閣のこれからの最重要課題であるとか、あなたに代わる人はいないとか、歯の浮くようなとまでは言わないが、ここまで言うかよみたいなことを言われました」

「私も安全保障と並んで農林水産というか『地方創生』というか、ライフワークでやってきたし、だから『地方創生大臣ならやりましょう』っていう感じでオッケーしました」

安倍の思惑はそれとして、石破は初代大臣に就任すると、熱のこもった発言を重ねた。

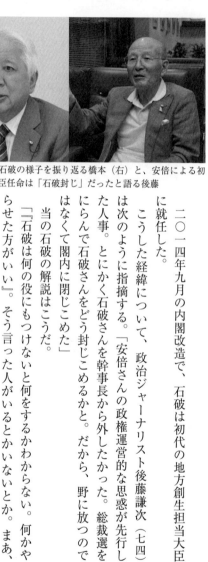

「地方創生」と石破茂

2013年秋ごろ	▶増田寛也と会談し「増田レポート」の内容について説明を受ける。「増田さんの話を聞いたときの衝撃って、強烈に印象に残ってますよ」
2014年9月	▶初代の地方創生担当相に就任。首相の安倍からは当初、防衛相を打診されたが固辞
12月	▶秋田市のホテルで開かれた演説会で「地方を元気にして、人口減少に歯止めをかけなければ日本全体が衰退する」「地方創生をやり損なえば、国がつぶれるという強い危機感を持っている」
2016年8月	▶地方創生担当相を退任

「東京への一方的な人口流入の流れを変えることは可能だ」（二〇一四年九月、官邸）

「二十〜三十代の人たちに安定した仕事と所得を確保する」（同、金沢市内での講演）

「国として民間企業に地方移転をお願いするのであれば、隗《かい》より始めよで、国のいろんな機能を移転するべきではないだろうか」（同、記者会見）

　こうした石破の姿は、文字通りの「地方創生」へと全国の期待を高めた。しかし、その後の展開がどうだったかは言うまでもない。

　石破が担当大臣を務めたのは、二〇一六年八月の内閣改造までの約二年。

いま、石破は言う。

「確かに『地方創生』がスタートしたときの政府内の熱気はすごかった。でも、安倍さんも一年後には『一億総活躍』とか言い出した。『大河ドラマじゃないんだから、一年ごとに出し物変えちゃだめよ』って、私は言いましたけどね。そのころには政府としての高揚感はもうなくなっていたということだよね」

増田寛也氏インタビュー「あれがなければ何も進まなかった」

「増田レポート」により「地方創生」政策が始まるきっかけをつくった元総務大臣の増田寛也（七二）に取材班は二〇二三年十二月二十五日、インタビューを行った。六月に続く二度目の取材。半年間で新たに得た証言や事実関係を基に、「地方創生」への評価や増田レポートの背景を改めて聞いた。

――増田レポートからの十年を振り返ると。

「二〇〇七年まで岩手県知事をやっていたが、あのころは人口減少はそれほど意識されていなかった。知事会で人口減少の話が出たこともなかった。二〇一四年にレポートを出したが、その後の展開から見て、成果が出ていないというのはその通りだ」

――取材のなかで、増田レポート作成に官僚の関与があったとの証言を複数得ている。民間からの提言というかたちをとった理由は。

「子どもを産むかどうかは、若い人たちが自由意思のなかで決めていく話だ。出生率の話は、政府がやるとかなり批判を浴びる。政府も及び腰になる。できるだけ裾野を広く、国民的な運動として考えてもらいたいという気持ちがあった」

「（増田レポートが言及した）『若年女性の二十～三十九歳に着目する』ということをもし政府がやったら、もっといろんな批判を浴びていたんじゃないか。こういう問題は民間の方でやるのが望ましいと思う」

増田寛也氏略歴
1951年東京都生まれ。東大法学部卒業後、旧建設省に入省。1995年から2007年まで岩手県知事を3期、2007年から2008年には民間閣僚として総務大臣を務めた（第1次安倍内閣および福田康夫内閣）。2014年に「増田レポート」を発表。2020年から日本郵政社長。

――二〇一五年の日本経済新聞記事で、自身のことを「政治家より、行政官として生きるのだという思いが根っこにあってやってきた」と振り返っている。増田レポートでは、官僚の知恵を生かしながら官の力で政治を動かしたいという気持ちがあったか。

「というより、実際に政府のほうで、要するに行政としてこの問題にきちんと取り組んでいただく必要があると思う。そこから、商工団体や社会福祉協議会などいろんな団体がみんなで同じ危機意識を持ち、これから何ができるか考えていくということが大事だ」

――以前インタビューした際は、増田レポートへの官僚の関与を否定していた。隠したい理由があるのか。

「昔と違い官僚はいま、自由に意見を言いづらくなっている。（官僚の）固有名詞とかは、彼らも政府の政策の範囲のなかでやるというのがいまの限界だろうから（出さなかった）。革新的なことを官僚はやりづらくなってきている。昔は官僚自身も私見としていろんな発表をしたりしていたが、いまやると、国会で問題になったりするようなこともあり、上司もだいぶ抑えたりする。（そういう風潮は）私はあまりよくないと思うが」

「だから官僚にはできるだけ迷惑をかけないようにした。官僚はデータを持っているから、総務省や厚生労働省あたりの現職の人たちにはずいぶん話を聞かせてもらった」

――増田レポートでは、大潟村の若年女性が三十年間で十五％増えるとされたが、実際には十年間で二十五％減っている。村内に大学の学生寮があることで誤差が生じたのでは。

「あのときは全国（の実情）を見るまではいかなかったので、他の地域も似たような状況がいろいろあると思う」

――大きな問題提起のために、誤差に目をつむった面があるのか。

「推計はどうしたって、多少は誤差が出る。大事なのは、みなさんに目を向けてもらうこと」

――市町村別の人口推計は誤差が大きいと元々言われている。その推計を基にレポートを作り、「消滅」という言葉を当てたのはショッキングすぎたのではないか。

「最初は『存続可能性自治体』にしようとした。だが、『存続』では誰も見ない、やっぱり『消滅』と言わないと見ないと（言われ）、確かにそうだと思って」

――さまざまな人の思惑がからむなかで「地方創生」は始まった。始まりの時点で、将来につながる問題点をすでにはらんでいたのではないか。

「ああいった格好で問題提起できた。あれがなければ、何も進んでいなかった。人口の問題にもあまり注目が集まらなかった。（増田レポートは）出さないとだめだったと思う」

――二〇一四年当時を振り返ると、アベノミクスが地方に波及しないなか、増田レポートが選挙対策として利用された面もあったように映る。

「私はあまりそういうことには関心がない。実際に地域をどうするかということの方が大きい」

――増田レポートを出した後の政府の動きには、本意ではない面もあったか。

「だが、（政府が）何もやらなかったら、たぶん、もっともっとひどい状況だった」

増田レポートと「地方創生」の始まり

2013年秋ごろ	▶元総務大臣の増田寛也と自民党幹事長の石破茂が会談。人口減少が進む地方の厳しい将来像を増田が石破に説明
11月10日	▶「中央公論」12月号発売。特集「壊死する地方都市」の中で「増田寛也＋人口減少問題研究会」が「戦慄のシミュレーション　2040年、地方消滅。『極点社会』が到来する」を発表
14年1月24日	▶首相安倍晋三が施政方針演説。「今年は地方の活性化が、安倍内閣の最重要テーマ。地方が持つ大いなる可能性を開花させてまいります」
30日	▶政府の経済財政諮問会議の専門調査会「選択する未来」委員会が初会合。増田が委員に名を連ねる
5月初旬	▶増田が官房長官の菅義偉を訪問。増田レポートの内容を事前に伝える
8日	▶増田が座長を務める「日本創成会議」人口減少問題検討分科会が増田レポートを公表
10日	▶「中央公論」6月号発売。増田レポートを紹介した「消滅する市町村523全リスト」を特集
15日	▶「選択する未来」委員会が政府の経済財政諮問会議で議論の中間整理を報告。地方の人口減について、増田レポートと似通う問題意識を表明
19日	▶増田が官邸を訪問、首相の安倍に増田レポートを説明
6月14日	▶安倍が訪問先の鳥取県で「地方創生本部」の設立を表明
24日	▶政府が「骨太の方針2014」を閣議決定。政策の基本方針に人口減対策を組み込む
9月3日	▶内閣改造により、石破が初代地方創生担当大臣に就任

第二部　強いられた競争

どこもかしこもプレミアム

二〇一五年六月、美郷町商工会に町民約六百人が行列をなした。

お目当ては、町がこの日販売を開始したプレミアム付き商品券。一万円分を買い求めれば町内の店舗で一万三千円相当の買い物ができるとあって、総額約一億六千万円分が三日で売り切れた。

当時、全国の自治体がこぞってプレミアム付き商品券を発行していた。美郷町の商品券は、購入費に対するお得分を意味する「プレミアム率」が三十％で県内一。町の企画財政課長として施策に関わった副町長の本間和彦（六二）は「近隣自治体の状況を調べて率を決めた。他より高ければ、地元の商店で買い物をしてほしいというメッセージがより強く伝わるから」と振り返る。

その三週間後、隣の大仙市はプレミアム率二十％の商品券を売り出した。一人三十万円まで購入できるのが特徴で、大量に買い求める人が相次いだ。

一世帯あたりの平均購入額は五十四万円。百五十万円以上買った人が百七十五人に上った。市議会で議員から「富める人が得をする」と批判された市当局は、制度設計のまずさを認めた。

「地方創生」政策が本格的に走り出した二〇一五年、その皮切りともいえるプレミアム付き商品券を発行したのは全国で千七百五十自治体、実に九十七％に及んだ。

それには理由があった。

この年三月、「地域住民生活等緊急支援のための交付金に関するQ＆A」と題する文書が全国の市町村にメールで届いた。

発信元は「地方創生」を担当する内閣府。消費喚起や生活支援などに関する交付金のしくみを説明するものだった。

取材班が関係者から入手した計二十八ページの文書からは、プレミアム付き商品券の発行を強く推す政府の姿勢が読みとれる。

文書は「最終的にどのような事業を、どのように組み合わせて実施していくかは、地域の実情に応じた各地方公共団体の判断に広く委ねる」として、市町村の自主性を尊重する立場をとる。

その一方、あくまでも推奨事業だとする「商品券」の三文字が五十七回登場する。

プレミアム率20%だった潟上市の商品券も人気を集め、多くの住民が売り場に詰めかけた（2015年7月1日、潟上市天王の広域指導センター）

現金一万円で一万一千～一万二千円分の商品券が購入できる仕組みとすれば、行政からの支援金額の五～十倍程度の消費が行われる。
少なくとも商品券の発行については、夏ごろを目途に終了していることが望ましい。

プレミアム付き商品券の財源となった交付金は、厳密には「地方創生」関係のものではない。だが当時、政府与党は「地方創生」との関わりをさかんに喧伝《けんでん》した。
地方創生法（正式名称＝まち・ひと・しごと創生法）の成立とともに衆院を解散して臨んだ二〇一四年十二月の衆院選。自民党の選挙公約は「地方創生」の項目にこう記した。

消費の喚起と商店街などの地域経済の活性化を図るため、地域商品券の発行等、地方の自主的な取り組みを支援する交付金を交付します。

翌年三月下旬には、地方創生担当大臣の石破茂（六六）が大臣会見で記者らと次のようなやりとりを交わしている。
記者「商品券は一過性に過ぎない、『地方創生』に資するものといえるのかという声が首長から出ている」
石破「本当に知恵を絞って一生懸命努力をして、それを一過性に終わらせないような努力をしているところと、どうせ一過性のものだと最初から決めてかかるところとでは違う」
記者「自治体には十分な制度設計の時間が与えられていないのでは」
石破「自治体によって差が出ることはあるのかもしれない。日ごろから考えていることをこれで実現しようというところと、『一過性だ』『時間がない』と言ってエクスキューズを考えるところで、違ってくるんだろう」
結果、東京都心の港区や渋谷区、品川区といった財政的に恵まれている自治体までもが商品券の発行に走った。都市部から過疎地まで全国津々浦々に商品券というかたちで交付金が行き渡った光景は、「地方創生」にはほど遠いというしかない。

「永田町的なバラマキ的な印象がぬぐえません」。この年五月発行の雑誌『世界』の対談でこう述べ、政府の姿勢を批判したのは元総務大臣の片山善博（七二）だ。

旧自治省の官僚や鳥取県知事の経歴も持ち、地方行政と国政の双方に通じる片山は、「地方創生」に懐疑的な目を向け続けてきた。十年の歩みをいま、こう評する。「自治体に不毛な競争ばかりさせてきたのが『地方創生』だった」

その典型がプレミアム付き商品券であり、その後のふるさと納税拡充や旅行支援にも通底する問題をはらんでいたと指摘する。「日本全体のパイは増えないのに自治体が一生懸命奪い合いをし、消耗したのが『地方創生』。いまの日本がやらなきゃいけないことと完全に逆のことをやってきた」

片山が「ダンピング競争」と表現するプレミアム付き商品券に投じられた公金は約千八百四十四億円。このうち二割に迫る三百二十八億円余りが、発行や販売に要する事務費に消えた。

美郷町副町長の本間も、プレミアム付き商品券への懐疑的な声は意識していたという。「ばらまきだとか、アイデアがないといった批判も世間にあった。『地方創生』とのからみから考えると、頭をひねるところもないわけではなかった」

大臣「地方は知恵比べして」

「政府機関が東京から秋田に移転したらこれだけいいことがある。そういう立証をやってほしい」

二〇一五年八月十八日、東京・霞が関。地方創生担当大臣の石破茂（六六）は、内閣府の大臣室で言った。ともにテーブルを囲むのは九人の秋田県議。三カ月前に発足した県議会「地方創生に関する調査特別委員会」のメンバーだ。

前年五月公表の「増田レポート」をきっかけに始まった「地方創生」は、このころ、政策としての動きを本格化させていた。上京した県議らの目的は、政府の考え方や今後の政策の方向性を大臣に直接尋ねることにあった。

石破は、地方自治体に対し政府が「努力義務」として策定を求めた「地方版総合戦略」について、その意義やポイントを説明。中央省庁などの地方移転に触れるなかで、冒頭の言葉があった。「人口減が進む秋田から明確な方向性を示した戦略を出してもらわないと、日本がどうにもならなくなる」。そうも言った。

政府の看板政策を具体化するためのアイデア出しを地方に丸投げするかのような発言。こうした姿勢に表れる政府と自治体

「地方創生に関する調査特別委員会」のメンバーと会談する地方創生担当大臣の石破（右奥）

の構図こそが、「地方創生」という政策の大きな特徴だった。

「地方創生」の基本法に政府が位置づけるのが、地方創生法だ。二〇一四年五月の増田レポート公表から五カ月もたたない九月二十九日に法案を国会に提出。わずか二十条で構成される条文は急ぎ足での検討がしのばれるシンプルな内容で、十一月十四日の参議院「地方創生に関する特別委員会」では、こんなやりとりがあった。

野党委員「このように中身のない法案を審議、成立させる意義がどこにあるのか」

石破「中身がないではないかというご指摘は、謙虚に承らなければなりません」

十月三十日の衆議院「地方創生に関する特別委員会」では、参考人として呼ばれた地方自治総合研究所所長の辻山幸宣がこう指摘している。

この法案が示しているもので唯一具体的なのは、総合戦略をつくること。国がまず総合戦略をつくる、これを勘案して都道府県でもつくる努力をしてもらいたい、市町村も国と都道府県の総合戦略を勘案してつくってもらいたい、ということ。

法案提出から二カ月に満たない審議をへて、地方創生法は首相安倍晋三が衆院解散に踏み切った十一月二十一日に成立した。野党の民主、維新などは採決を欠席。自民、公明などによる賛成多数により、政策が動き出す舞台が整った。

「中身がない」とまで言われた基本法に唯一の具体策として盛りこまれた努力義務。この図式

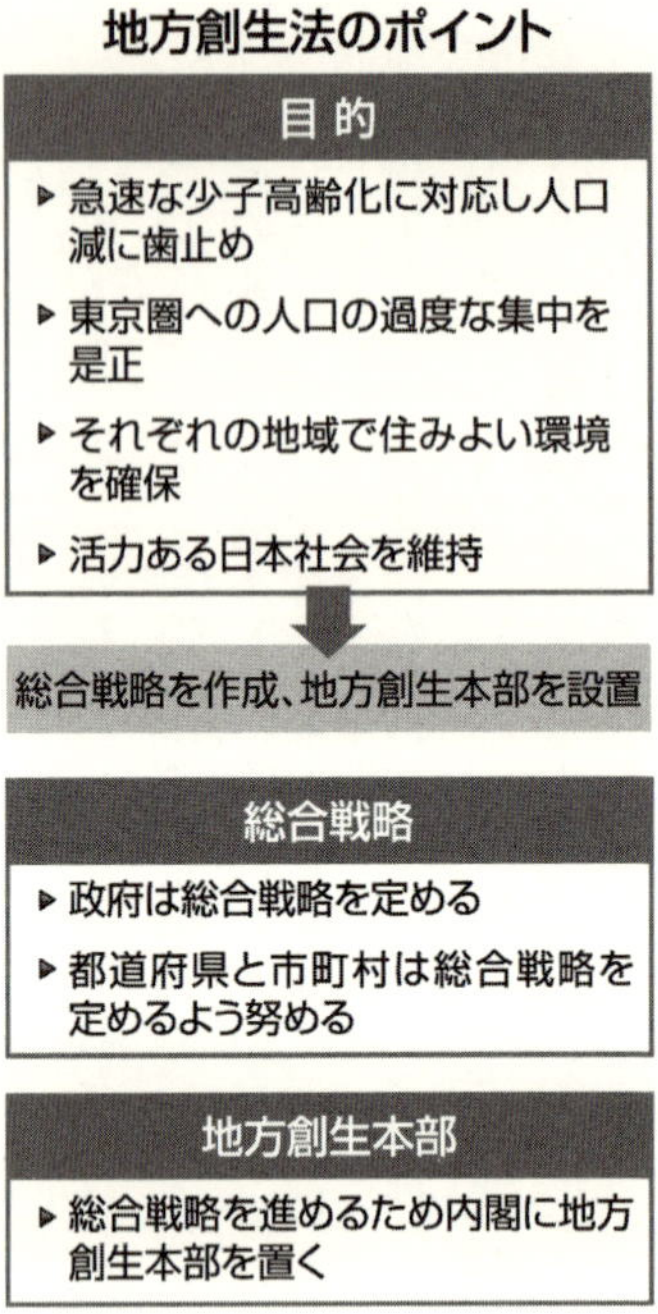
地方創生法のポイント
目的
▶急速な少子高齢化に対応し人口減に歯止め
▶東京圏への人口の過度な集中を是正
▶それぞれの地域で住みよい環境を確保
▶活力ある日本社会を維持
総合戦略を作成、地方創生本部を設置
総合戦略
▶政府は総合戦略を定める
▶都道府県と市町村は総合戦略を定めるよう努める
地方創生本部
▶総合戦略を進めるため内閣に地方創生本部を置く

はしかし、「地方創生」に伴う交付金のしくみがその後明らかになると、様相を大きく変えていく。

二〇一五年二月に政府がまとめた「地方創生」に関する交付金の要綱は、総合戦略に位置づける事業を交付金の対象とすると規定した。自治体が個々の施策を進めるうえで交付金という原資を必要とするなら、地方版総合戦略の策定が義務になるということだ。

こうしてできあがった枠組みのなかで、自治体を競わせながら「地方創生」を進めていく政府の姿勢が鮮明になっていく。

二〇一五年一月十二日、総務大臣高市早苗（六二）の発言。記者会見で地方への呼びかけを問われ——

> 地方のみなさまにお願いをしたいのは、これからそれぞれ地方が知恵を絞って努力をして、よいものをつくってほしい。
> それぞれの地方が知恵比べでいっぱい努力をしていただく。それを国として精いっぱい応

援する。

その二日後、地方創生担当大臣石破の発言。都内で講演した際、総合戦略の内容次第で地方交付税や交付金に差をつけるという考えを口にしたうえで――

一生懸命（戦略を）つくる自治体がばかを見ることがあってはならない。

「政府機関が秋田に移転する利点の立証を」という冒頭の石破発言は、こうした流れのなかにあるものだった。

「それって、私らがやるべきことだったんですかね」

県議の加賀屋千鶴子（六二、共産）は言う。調査特別委員会のメンバーとして石破と面会した一人だ。

「確かに地方も努力しなければならない。でも、省庁が移転したらどういう効果があるかなんて、地方の側に試算できますか。国は、自分たちのやるべきことを放棄していたと思う」

調査特別委員会の委員長だった鶴田有司（七一、自民）も言う。

「うたい文句はよかったが、どの程度実現可能かというと、疑問符は確かにあった」

こうしたなか、自治体は総合戦略づくりにいや応なくかり出されていく。

コンサルバブル、似通う戦略

「地方創生バブル」――。コンサルティング業界でそんな言葉がささやかれたことがある。「地方創生」政策が動き出した二〇一五年。「バブル」の源泉は、政府の旗振りで全国の自治体が策定に乗り出した「地方版総合戦略」。策定費用として政府が市町村に一千万円ずつ予算措置した公金が、コンサル業界に流れこんだ状況を指す。

「地方創生」を進めるにあたって政府は、人口減の抑止に向けた具体的な方策を地方版総合戦略として二〇一五年度中にまとめるよう、自治体に求めた。建前上は「努力義務」だったが、交付金支給の要件となったため、実質的には強制力が働いた。

政府による長年の地方財政への締めつけで職員数は減り、マイナンバー導入への準備といった新たな業務も次々降りかかる。そうしたなかで「増田レポート」が全国の自治体に衝撃を与えたのが二〇一四年五月。「地方創生」の基本法となる地方創生法が成立したのが十一月。その時点で、総合戦略策定のタイムリミットまで一年四カ月――。

突如浮上した看板政策が駆け足で進むなか、大きな宿題を背負わされた自治体が頼ったのが、コンサルだった。

その実態を見るうえで興味深い調査がある。地方自治総合研究所（東京）が全国の自治体を対象に二〇一七年に行ったアンケートだ。

それによると、地方版総合戦略を策定するにあたってコンサルなどに実務を委託したのは、回答のあった全国千三百四十二自治体の七十七％に当たる千三十七自治体に上った。
委託先の本社所在地で圧倒的に多かったのは東京都。都内に本社を置くコンサルの受注額は計二十一億六千八百七十八万円で、全国のコンサルが受注した計四十億六千六百八十九万円のうち五十三％を占めた。
「地方創生」のための公金が東京に還流するという倒錯。調査を担当した地方自治総合研究所の研究員坂本誠（四八）は語る。「市町村は業務が増え、人手も限られるなかで戦略を早く策定しなければならなかった。コンサルの側は、市町村合併で自治体が減った結果、地方のコンサルが成り立たなくなり東京などへの集中が進んでいた」「地方に余裕がないなか、とりあえず国の言うことに合わせようと、政府の基本目標にある文言を入れ替えてつくったような総合戦略が、多かったように思う」
県内二十五市町村の総合戦略を子細に見ると、坂本が指摘する傾向が見え隠れする。例えば、少子化対策の項目では次のような表現が目につく。
「結婚から妊娠、出産、子育てまで出来るよう、切れ目のない施策を展開」（井川町）
「男女の出会い、結婚、出産、子育てまで切れ目のない支援」（五城目町）
「結婚・出産・子育てへの切れ目のない支援」（大仙市）
産業振興や雇用創出に関する項目では「五城目町ブランド」「由利本荘ブランド」「仙北ブランド」といった言葉が並んだ。
文書の盗用をチェックするためのサイトを利用して各自治体の文面を分析すると、ある二つの

地方版総合戦略についての調査

問　総合戦略策定にあたって、コンサルタント等に委託しましたか

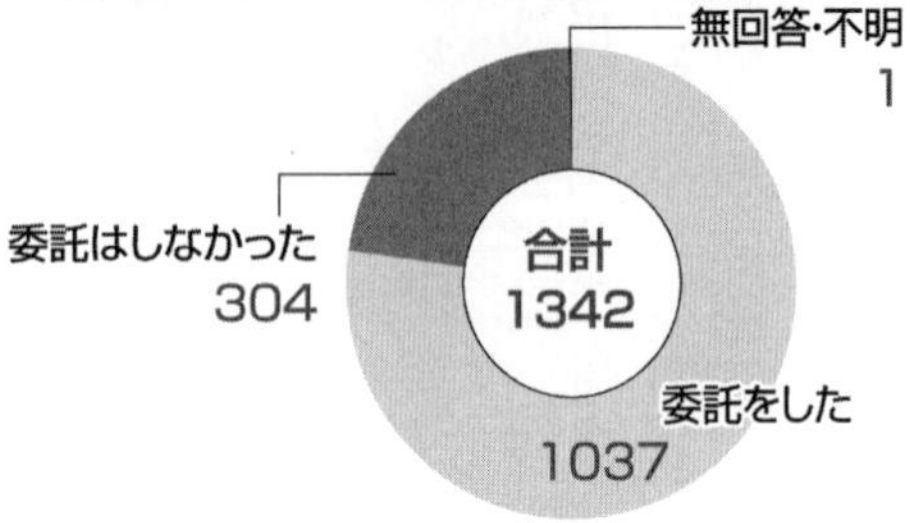

問　委託を行った理由はどれですか

（複数回答）

	市町村数
職員の事務量軽減のため	755
国からの交付金があったため	646
専門知識を補うため	825
関連する情報を入手するため	589
策定方法が分かりにくかったため	194
ふさわしい委託先があったため	87
その他	33
無回答・不明	9

受注額上位の都道府県（本社所在地ベース）

順位	本社所在都道府県	受注額合計
①	東京都	21億6878万円
②	京都府	3億2249万円
③	北海道	1億6391万円
④	愛知県	1億1767万円
⑤	大阪府	1億1253万円
⑥	福岡県	9923万円
⑦	沖縄県	8668万円
⑧	広島県	6384万円
⑨	鹿児島県	6032万円
⑩	長野県	4632万円
総計（母数）		40億6689万円

町の人口ビジョンは、表記の重複や類似が全体の三割程度に及ぶという結果が出た。

これらの策定を受託したのは、秋田銀行系シンクタンクの秋田経済研究所（秋田市）。当時、研究員として総合戦略や人口ビジョンの策定に携わった荒牧敦郎（六六）は「産業振興や子育て、出産支援、移住定住対策などは、どこも似たようなものになってしまった。よりユニークな発想で戦略を考えられればよかったのだろうが、時間的なこともあり、そこまでいかなかった」と振

り返る。

秋田魁新報の取材では、県内二十五市町村のうち二十二市町村が、総合戦略や人口ビジョンにからむ業務を県内外のコンサルに委託していた。人口ビジョンの策定を委託した小坂町の町長細越満（七六）は「職員数も減っており、手が回らなかったり、詳しいところが分からなかったりしたところがあったと思う」と話す。

現在、あきぎんリサーチ&コンサルティング（秋田市）のチーフコンサルタントを務める荒牧は「地方創生バブル」をこう振り返る。

「人口減を食い止めるために戦略をつくりましょうという発想自体はいいと思う。だが、戦略をつくるからといって画期的なアイデアがパッと出てくるかというと、それは難しい。人口減を抑制するような戦略をつくるということ自体、ハードルが高かった。起死回生の解決策なんて、急には出てこない」

地方締めつけ、交付税の変質

地方を立て直すというときなので、ここで冷や水をあびせるようなことだけはないようにしていただきたい。

二〇一五年六月十七日、首相官邸で開かれた「国と地方の協議の場」で、山田啓二（六九）は切り出した。

当時、京都府知事で全国知事会の会長。テーブルを挟んで対するは首相の安倍晋三ら政権幹部。

このとき胸の内に一つの危機感があったと、山田は振り返る。政府が地方財源、とりわけ自治体の命綱ともいえる「地方交付税交付金」を減らそうとしているのではないかという疑心だった。

半年余り後の二〇一六年一月二十五日。秋田県庁の財政課は緊張感に包まれていた。二〇一六年度当初予算案の編成に向けた庁内調整に追われながら、職員たちの意識は東京・霞が関に向いていた。

都道府県の財政課長らを集めた会議で地方交付税の新たな算定方式が示されることになっていた。

当時の県財政課副主幹で、後に財政課長も務めた村田詠吾（五七、現・県教育次長）が振り返る。

「国と地方の協議の場」で向き合う安倍（左端）と山田（右端、写真提供・共同通信社）

「県予算を編成するために会議の中身をいち早く確認する必要があった。地方交付税が減るかもしれなかったから」

「トップランナー方式」――。会議では地方交付税の新たな算定方法が説明された。

業務の効率化やコスト削減が進んだ自治体を「標準」とみなし、各自治体の交付税を算定するしくみ。手始めに対象とされたのは、学校校務員事務や役所の受け付け・電話交換、体育館管理といった十六業務で、民間への委託などを進めて行政経費を削減するよう、地方に迫るものだった。

政府は二〇一五年春からすでに、トップランナー方式導入の意向を示していた。六月の国と地方の協議の場で、山田はこう求めた。

人件費だけ見ても、この二十年間で地方の人件費は二兆円減らしたが、国の人件費は〇・三兆円増えている。（職員の）定員も、われわれは国の七倍削減している。こうした地方の行革努力を見ていただきたいし、そのうえで国にも歳出削減を求めていきたい。

「地方創生」の十年間を地方財政の観点から見ると、より大きな奔流が浮かんでくる。二〇〇〇年代に入り、地方交付税に対する政府の締めつけが強められていった流れだ。

バブル崩壊以降、国債発行残高が増え続け、財政の窮迫が政府の大きな課題となった。そうしたなか、歳出に占める割合が大きい地方交付税制度への批判が経済界から上がり、小泉純一郎政権で経済財政諮問会議の担当大臣を務める竹中平蔵(七二)が地方交付税見直しを主張。政府は「三位一体改革」を断行した。

しかし、地方の権限と責任を拡大することで地方分権を進めるというかけ声とは裏腹に、地方の収入は実質的に縮小。財政力の弱い自治体は職員の削減や非正規化を余儀なくされた。そして第二次安倍政権下、「地方創生」が始まる。

「地方分権というよりむしろ、中央集権化と財源の中央集中が進んだ」。国政と自治体財政の関係を長年研究する静岡大教授の川瀬憲子（地方財政学）は指摘する。

川瀬が特に問題視するのは、地方交付税の配分方式が「成果主義」の性格を強めていった点だ。自治体を競わせることを基調とする「地方創生」もそれは同様だった。

「政府が財政面で自治体のコントロールを強めている。『地方創生』は、分権とは正反対の集約型の国土構造に向かっていった十年間だったのではないか」。川瀬の見立てだ。

元県財政課長の村田も言う。「がんばってはいても指標が改善しないところは見捨てられるのではないか。そういう恐怖はあった」

地方交付税制度に精通する地方自治総合研究所副所長の飛田博史（五九）によると、トップランナー方式という言葉は元々、電化製品などの省エネ基準について用いられたものだという。「大手企業経営者ら経済財政諮問会議メンバーの意向が反映されている。市場原理主義的に合理化や効率化を進めることを促すキーワードとして、自治体に対し非常に強く印象づけられた」

地方財源の確保を求めて政府と応酬した山田はいま、政府の姿勢に改めて疑問を突きつける。四期十六年務めた京都府知事時代は、百四十万都市の京都市から人口千人台の町まで幅広い自治体の実情に接してきた。

「政府は『がんばる地方を応援する』と言い、そこには『うまくいかないのはがんばらないからだ』

という含みがある。だが、自治体の置かれた条件はそれぞれ違う。政府はそこを理解していないのではないか」

交付金次々、自治体を支配

人的に有利な団体は成果が上がり、そうでない団体は交付金を受けることができず格差が広がってきている。

この連載の一環で二〇二三年秋に行った全国自治体アンケートに、こんな記述があった。

人口減少対策は各自治体の裁量で行うのが当然ではあるが、立地的・経済的・人的な面での格差解消は現制度ではなしえないのではないか。

記入した岡山県鏡野町の総合政策室長、瀬島栄史（五七）に電話すると、いつも多忙らしく、なかなかつかまらない。中国山地に抱かれた人口約一万二千人の町。全域が過疎地域に指定され、町職員は約二百人。

ようやく電話口に出た瀬島は言った。「『地方創生』の交付金は人手が不足する小さな町にとっては要件が難しい。先に進む大きな自治体との差が開く一方です」

「地方創生」を動かす主要なしかけに、各種の交付金がある。その支給にあたり、政府は一つのルールを設けた。人口減に歯止めをかける「地方版総合戦略」の立案を自治体に求め、戦略に基づく事業を審査して支給の可否を決めるというものだ。

「地方創生」にからむ交付金は多岐にわたるが、ここでは大きく三段階にわけて主要なものを見ていく。

まず、初期に単発で設けられた二つの交付金。

二〇一四年度補正の「地方創生先行型交付金」（一千七百億円）と、二〇一五年度補正の「地方創生加速化交付金」（一千億円）だ。

次に、政府が政策の中核に位置づけ、「地方創生」の本丸といえる交付金が、二〇一六年度に始まった「地方創生推進交付金」（各年度の当初予算で一千億円）。

だが、この「推進」交付金に対し地方からは失望が漏れた。

「あちこちの各省庁が出してる補助金をやめてまとめるんです。純増で一千億円来るんじゃない。政府のスタンスにはやや疑問を感じる」。「推進」交付金の詳細が明らかになった二〇一五年夏、秋田県知事の佐竹敬久（七六）は定例会見で不満をにじませた。

「推進」交付金は自治体にとって、幾重にも期待外れだった。

第一にその規模。地方の側は「先行型」の一千七百億円を上回る額を求めていたが、年一千億円規模にとどまった。しかも、原資の半分は、地域活性化のための他の交付金からの振り替えで、純増は五百億円にとどまった。

第二にその質。事業費に対する補助率が「先行型」と「加速化」では全額だったが、五割に引き下げられ、自治体の持ち出しが必要になった。

そして第三に、交付の要件。事業の先駆性や官民協働、自治体間の広域連携といったハードルが課された。審査するのは政府。使途の自由度が比較的大きいとされる「交付金」の名を冠しながら、その実態は支給の条件をこと細かに定めた「補助金」の色彩が濃いものとなった。

「地方創生」関連の主な交付金

地方創生先行型交付金 2014年度補正予算	1700億円	他自治体の参考となる先駆的事業に交付。活用には地方版総合戦略の策定が必須とされた。政府が全額を補助した
地方創生加速化交付金 2015年度補正予算	1千億円	地方版総合戦略に基づいて実施する先駆的な事業が対象。政府が全額を補助した
地方創生推進交付金 2016～22年度	1千億円〔各年度当初予算〕	地方版総合戦略に位置づけられた事業に交付。事業の自立性や官民協働、地域間連携などを要件に挙げ、自治体に効果検証の徹底を求めた。補助率は5割
地方創生臨時交付金 2020年度～	約18兆円〔20～22年度〕	新型コロナウイルスの感染拡大を受けて新設。感染対策、経済対策を問わずコロナ対応のための事業であれば原則として自由に使えた。使途はその後、物価・燃料高対策にも拡大した

二〇一二年まで秋田大に籍を置き、「地方創生」の検証を続けてきた関東学院大教授の島澤諭（五三、財政学）は、こう指摘する。「地方の役人が必死になって考えた事業を、国の役人が評価してお金をつけるというシステム。結果として国による地方への支配、関与が強化された」

「地方創生」が始まった当初、担当大臣の石破茂（六六）は「ばらまきを排除する」とくり返した。その言葉には、交付金をめぐる「ばらまき」批判への警戒感が強くにじんでいた。

県知事の佐竹。「政府には『地方創生』で国をどう変えるかという大きなビジョンがなかった」と話す

しかし、政府のそうした姿勢は、二〇二〇年に新型コロナウイルスの感染が拡大すると大きく変容する。

この年度に新設された「地方創生臨時交付金」。現在までに十八兆円を超える巨費が投じられたこの交付金は「コロナ交付金」とも呼ばれ、感染症対策や飲食店の休業補償、旅行支援から物価高対策まで幅広い使途に充てられた。事業の必要性や効果についても、それまでの交付金のような厳しいハードルは課されなかった。

「地方創生」政策に関わった現役官僚は言う。

「どんなことに使ってもいいという感じでジャブジャブとものすごい額が配られた。『地方創生』の冠がついてはいるが、実質的にはコロナ対策のばらまきだった」

そして二〇二三年度。首相岸田文雄が看板政策に掲げる「デジタル田園都市国家構想」（デジ田）の一部に、「推進」交付金は組みこまれた。コロナ禍での変質と看板政策の変遷をへて、「地方創生」の四文字は後景に退いた。

知事の佐竹は、この十年の政府の姿勢に疑問を投げかける。「国土や産業のあり方をどうするかという大きな考えは何もなかった。中央集権的な発想が抜けていない」

そして、こうも言う。

「地方は地方で、まん延する補助金主義に浸ってしまった。地方にも反省点がある」

交付金はもらったけれど……

八郎潟町中心部の一日市《ひといち》商店街で、こんな張り紙が目に留まる。

＜十一月三十日をもって休業となりました　長らくのご愛顧ありがとうございました＞

総菜や焼きたてパンなどを売る複合施設として二〇一七年に町が開設し、二〇二三年十一月で販売スペースの営業を終えた「はちらぼハウス」。関連施設も含めた開設費約一億六千万円のうち五千六百七万円を「地方創生」関連の交付金でまかなった。

町は、二〇一六年にまとめた「地方版総合戦略」で、空き店舗を活用した商店街活性化と買い物弱者対策を事業の一つに掲げた。活用を想定していた空き店舗の老朽化を理由に、交付金を活用してはちらぼハウスを新築。副町長の小野良幸（六三）は「交付金が活用できるため、解体して造ることになった。補助率が高く魅力的な交付金だった」と振り返る。

しかし、町主導で発足したＮＰＯ法人による経営は安定せず、町による経費補助が常態化した。二〇二三年三月に町議会から異論が上がり、補助額を減らすことに。運営が立ちゆかなくなり営業休止に至った。

「長年の課題だった商店街の活性化をなんとかできると思った。見通しの甘さはあったと言わざるを得ないが、チャレンジしないと始まらない」。小野は振り返る。

自治体が総合戦略に盛りこんだ事業を進めるにあたり、政府は、事業の先駆性や官民協働、自

2017年12月9日、はちらぼハウスの開店セレモニーでテープカットを行う関係者たち。この6年後、販売スペースは営業を休止する（八郎潟町）

治体間の広域連携といった観点から事業内容を審査し、交付金支給の可否を決めるというしくみを構築した。また、総合戦略には各種施策の達成度合いを検証するための「重要業績評価指標（ＫＰＩ）」を盛りこむことも求めた。

　交付金を支給する段階での厳正な審査と、達成度を測る指標の設定――。一見、精緻にみえるこのシステムはしかし、「地方創生」という政策が全体として所期の目的を達していない現状から見れば、欠陥があったと考えるのが自然だろう。

　八郎潟町を例にとると、総合戦略に盛りこんだＫＰＩ二十項目のうち、達成できたのは四項目だけという結果がまずある。戦略の空文化というべき状況だ。

　さらに細かく見ると、達成したとする項目の一つ「空き家（空き店舗）を活用した起業＝五年間で三件」には、営業休止に至ったはちらぼハウスも含まれるという。ＫＰＩという機械的な指標には表れない現場の実情が、そこには見え隠れする。

「地方創生」の開始に合わせて県内二十五市町村が策定した総合戦略に関し、ＫＰＩ計八百八十六項目の達成度合いを取材班は各市町村に問い合わせた。

その結果は、達成できたとするのが計三百四十四項目で、全体の三十八・八%。多くが達成できずに終わっていた。「はちらぼハウス」の例を踏まえれば、達成できたとする事業もどれだけ実のある効果を生んでいるのか、疑問が残る。

全国を見渡せば、総合戦略に掲げた事業を実施するにあたり、交付金を活用しなかった自治体もある。

福岡県宇美《うみ》町はその一つ。県都・福岡市に近い人口約三万七千の町。町長の安川茂伸（五八）によると、当初は交付金の活用も検討したが、要件に合致する事業が見当たらず、交付金を目的に新たな事業を起こすことをしなかった結果だという。

安川は言う。「交付金目当てで不必要な事業に手を出す必要はない。いくばくかの金がほしいがために交付金を受けて結果的に町財政を圧迫してしまうようでは、本末転倒だ」

「反省をこめて申し上げたいと思います」

地方創生法案が国会で審議されていた二〇一四年十月。元横手市長の五十嵐忠悦（七六）は、参考人とし

県内市町村のKPI達成状況

	項目数	達成数	達成率(%)
秋田市	24	10	41.7
鹿角市	67	31	46.3
大館市	41	17	41.5
北秋田市	60	16	26.7
能代市	66	31	47.0
男鹿市	53	17	32.1
潟上市	22	7	31.8
由利本荘市	103	49	47.6
にかほ市	61	24	39.3
大仙市	90	34	37.8
仙北市	23	4	17.4
横手市	11	5	45.5
湯沢市	31	13	41.9
小坂町	27	9	33.3
上小阿仁村	22	6	27.3
藤里町	26	7	26.9
八峰町	4	1	25.0
三種町	15	6	40.0
五城目町	7	3	42.9
八郎潟町	20	4	20.0
井川町	29	11	37.9
大潟村	37	17	45.9
美郷町	22	11	50.0
羽後町	7	2	28.6
東成瀬村	18	9	50.0
計	886	344	38.8

※各市町村への取材に基づく

て招かれた衆院地方創生特別委員会で、こう切り出した。

市長時代に第三セクターを立ち上げ、経済産業省から派遣された官僚を社長に据えた経験を紹介。三年で経営が破綻し、負債の整理に約九千万円の公費を投じる結果となった。「このときの反省は、立派な絵を描く人がいても、実践できる人間はなかなかいないということです」

こうした経験を踏まえていま、「地方創生」にどんな視線を送るのか。

「国は地方振興のノウハウを持っていない。現場のことを国は知らない。各自治体から上がってきた戦略を審査する能力を持っていたか、疑問だ」

「地方の発想や行動をしばる法律ではなく、自治体独自の動きを応援するかたちにしてもらいたかった。地方をたがにはめて、国の審査基準に合致するものには金を出すということでは、地方が作文を書かなければならなくなる」

そして、地方の側に対しても、こう指摘する。

「国の手引書通りに計画をつくっているようでは、提案能力が育たない。新しい発想を持った人が活躍できるような役所にならなければいけない」

政府と地方、相互に不信

政府が地方に競争を強いるかたちで進んだ「地方創生」のありようを取材するなかで、関係者の話から見えてきた一つの像がある。地方と国をへだてる「相互不信」だ。

県内の元首長たちは言った。

「国と地方は対等だというけど、そんなことはない。政府の言う通りにしないと交付金も認めないというのが透けて見えた」

「経済や効率ばかりを重視して、それ以外は切り捨ててもいいという偏った考えが政府にある」

一方、政府の側も地方に冷めた視線を送る。

「地方創生」を支援する制度で東日本の自治体に出向した経験のあるキャリア官僚が語る、自治体職員の印象。

「『中山間地域だから、条件が不利だから、援助や支援を受けて当然なんだ』。そういうところで終わって閉じこもり、それ以上何もしようとしない」

北海道総合研究調査会理事長の五十嵐智嘉子（六六）は、内閣官房「まち・ひと・しごと創生本部」事務局に参事官として出向した経験からこう語った。

「『地方創生』が自治体間の競争をあおったとよく言われるんですが、そうではない。やる気のないところにお金を配ってもしょうがないよねって話です」

中央官僚の姿勢に違和感を持った政治家もいる。

初代の地方創生担当大臣補佐官を務めた東京二十二区選出の衆院議員、伊藤達也（六二）。政府が「地方創生」を打ち出してまもない二〇一四年十月に行った関係省庁へのヒアリングでの印象を、自身の公式サイトにつづっている。

〈「国がやってやる」という「上から目線」で、地域・現場側の目線に立てていません。おそら

「地方創生」の政策検討のため行われたヒアリング。地方創生担当大臣補佐官の伊藤（右端）は中央省庁の「上から目線」を感じたという（2014年10月10日、東京・霞が関、写真提供・共同通信社）

く明治政府以来百五十年以上かけて、霞が関の役人に染み付いた習性、こびりついたあかのようなもの〉

取材に対して伊藤は、地方と政府の相互不信は、財源をめぐるせめぎ合いのなかで形作られ、強化されてきたものだという見方を示した。

「首長たちからは『財政的に厳しいから支援や財源の委譲を』という話が常にある。でも、国の本音は『あなたたちに与えたらむだ遣いするでしょ』ということだ」

地方と政府のこじれた関係の背後には、何があるのか。先のヒアリングに地方の首長代表として参加した前徳島県知事の飯泉嘉門（六三）は、この国に長年続く陳情行政を挙げる。

強力に財源と権限を握る政府に対し、自治体の首長や幹部職員が「霞が関もうで」をくり返し、予算の獲得や政策の実現を目指す――。長年続く陳情の姿だ。

飯泉によると、その背景には、戦後政治の大きな流れがある。戦後の高度経済成長による東京への人口と富の集中をへて、一九七〇年代から政府は地方を中心に公共事業を活発化。インフラ開発で都市部に後れをとった地方に多額の予算が注ぎこまれるなか、国会議員による地元への利益誘導も激しさを増していく。

だが、一九九〇年代前半のバブル崩壊により、政府の財政は急速に悪化。政府は「地方でできることは地方で行えるように」とうたい、地方分権改革を進めるとともに地方財源の縮小に踏み切った。

二〇〇〇年施行の「地方分権一括法」は、地方と国を「対等・協力関係」に変えることを目指した。だが、飯泉は言う。「いまだに国は地方がお願いしてきたらやってあげる、という上から目線。時代は変わったのに、霞が関はガラパゴスのままだ」

交付金をてこに政府が地方を競わせる「地方創生」。その背後に潜む政府と地方の相互不信――。元総務大臣の片山善博（七二）は、そこに構造的な問題を指摘する。

交付金は補助率が定められ、事業で使われず余った分は政府に返還するしくみ。市町村が行う事業については推奨メニューが示されることが多いが、「地方の実態には合わない。だけど、国からお金がくるんだから使ってしまえ、となる」。

「最もむだ遣いを生みやすい制度を、政府自らがつくっていることに気づいていない。自治体も自ら考えることをせず、交付金に食いつく。どっちもどっちで、愚かなんですよ」

第三部　女性不在、若者不在

流出のわけ、わかってなかった

二〇二四年二月二日、仙台市のホテル。

人口減少問題をテーマとする講演で元総務大臣の増田寛也（七二）は、「失われた十年をくり返したら、確実にわが国は消滅する」と強い調子で語った。

加速度的に進む人口減と少子化への対策が急務だと主張。「地方創生」の欠陥として、ある見方を示した。

「若い人たちや女性の意識をとらえた政策に取り組んでこなかった」

二〇二三年四月十七日、秋田県庁。

定例の記者会見で知事佐竹敬久（七六）は、人口減対策への自己評価を問われ、こう言った。

「秋田に女性が定着しないのは、魅力的な職場や自由さがないからだ。私自身、この点を認識してこなかった。女性定着に向けた対策に、もう少し早く取り組むべきだった」

女性や若者の視点が欠けていた——。「地方創生」についてこうした認識が語られるようになったのは、ごく最近のことだ。

その発信源といえるキーパーソンの一人が、ニッセイ基礎研究所（東京）で人口動態シニアリサーチャーの肩書を持つ天野馨南子《かなこ》（五二）だ。

二〇二二年、秋田魁新報は「若者のミカタ」と題する連載を掲載。全国の先頭を走る秋田の人口減への対策として、若い世代の価値観（見方）を知り、挑戦を後押し（味方）しようと呼びかけるキャンペーン報道を展開した。

その初回、天野はインタビュー記事に登場。さらに六月、連載の一環で開いたシンポジウムでも講演した。

天野の主張は明快だ。

・秋田県の出生数はこの五十年で四分の一に減り、全国ワースト。だが、夫婦が持つ子どもの数や合計特殊出生率が四分の一になったわけではない。
・出生減の最大の要因は、若い女性の転出超過。夫婦が持つ子どもの数が減っているのではなく、その入り口に立つカップルが激減している。
・若い女性たちは、就きたい仕事、やりがいのある仕事を求めて首都圏などに流出している。秋田を去りゆく多くの若い女性たちを放置したまま、秋田に残った女性への子育て支援を行っても、人口減の大きな流れは変わらない。

シンポジウムでマイクを握る天野（2022年6月4日、秋田市内のホテル）

公的データや独自のアンケートを基にした主張は、数字に論拠を求めながらもわかりやすく、説得力に満ちていた。

シンポジウムを聴講した元県職員で自民党県議の小野一彦（六四）はこう振り返る。「危機感を持って社会を変えていかなければという思いが強くなった。その後の県の施策は、女性を意識したものに予算が配分されるようになった。県の意識を変えるきっかけにもなったと思う」

天野が批判的に見る「地元に残った女性への子育て支援」は、これまでの少子化対策の常道だった。

例えば、「地方創生」のスタートに合わせて県内の自治体が策定した「地方版総合戦略」を見ると、「第三子」以降の出生を増やすことを狙った施策が複数ある。

・次の「もう一人」に向けた保育料・医療費助成制度の充実（県）
・第三子が生まれた場合、第二子以降の保育料を無料……（大館市）
・第三子以降の児童に対し、六歳まで毎月一万円を助成（羽後町）

全国の若手知事十二人による二〇一五年の政策提言にも「三人以上の子どもを持つ世帯への支援充実を政府に求める」という一文があり、閣僚からも「第三子以降の負担軽減は極めて大事」（女性活躍担当大臣の有村治子）といった声が上がっていた。すでに二人の子を持つ夫婦の背中を「さらにもう一人」と後押しする考え方は、広く共有されていたといえる。

しかし、数字を見ればどうか。

「地方創生」開始の二〇一四年に県内で生まれた赤ちゃんは五千九百九十八人で、第一子が

※厚生労働省「人口動態統計」、総務省「国勢調査」を基に作成

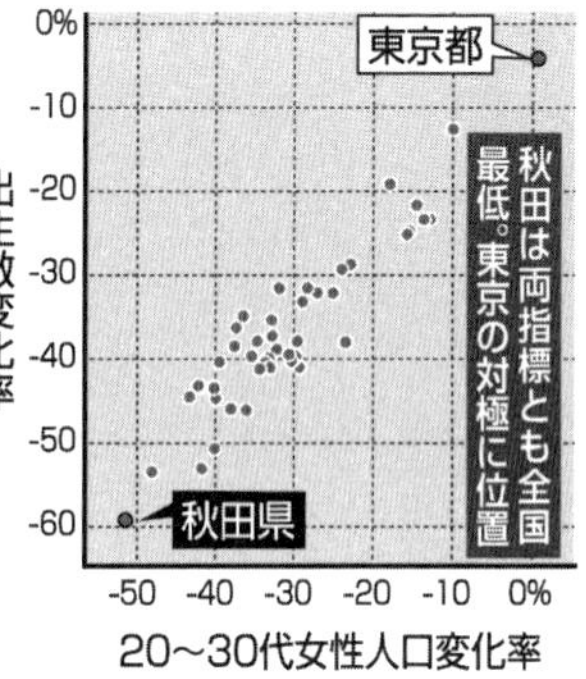

出生数と20～30代女性人口の減少率は相関が強い（1990～2020年）

二千七百六十五人、第二子が二千二百八十二人、第三子以降が九百五十一人。子育て支援を手厚くし、第三子以降の出産を後押ししようにも、そもそも第一子や第二子の出生数がこうしたボリュームにとどまっている以上、施策の効果は限定的だ。

それ以前に目を向けるべきは、将来の母親になりうる若い女性たちが毎年大量に首都圏などへ流出している現状ではないのか――。天野の主張の根幹だ。

実際に二〇二〇年まで三十年間の都道府県別の出生数と二十～三十代女性人口の減少率をグラフにすると、四十七都道府県がほぼ一直線に並び、両者の間に強い相関があることが見てとれる。秋田はいずれも全国最低で、東京の対極に位置している。

二〇二二年の講演で天野は、こう述べている。

「勘違いしている人もいるが、地方の人口減のポイントは女性。そこがわからないまま『地方創生』をやっても、的外れな政策ばかりになってしまう」

「感覚論の社会政策だった」

天野馨南子（五二）のもとには全国各地から講演依頼が舞いこむ。二〇二二年から二〇二三年

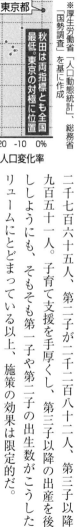

にかけて目立って増え始め、二〇二四年も十二月まで予約が入っているという。

　自治体の有識者委員を務める機会も多くなり、三重県の人口減少対策有識者会議有識者委員、石川県の少子化対策アドバイザー、高知県の中山間地域再興ビジョン検討委員会委員――といった肩書を持つ。いずれも二〇二三年からの任期だ。

　大学を出て生命保険大手の日本生命に一九九五年入社。一九九九年にニッセイ基礎研究所に出向してから、各種社会問題のリサーチが本業になっていった。

　人口減にあえぐ自治体関係者の間で天野の名が広く知られるようになったきっかけがある。公益財団法人「東北活性化研究センター」（仙台市）とともに二〇二〇年に行った調査だ。

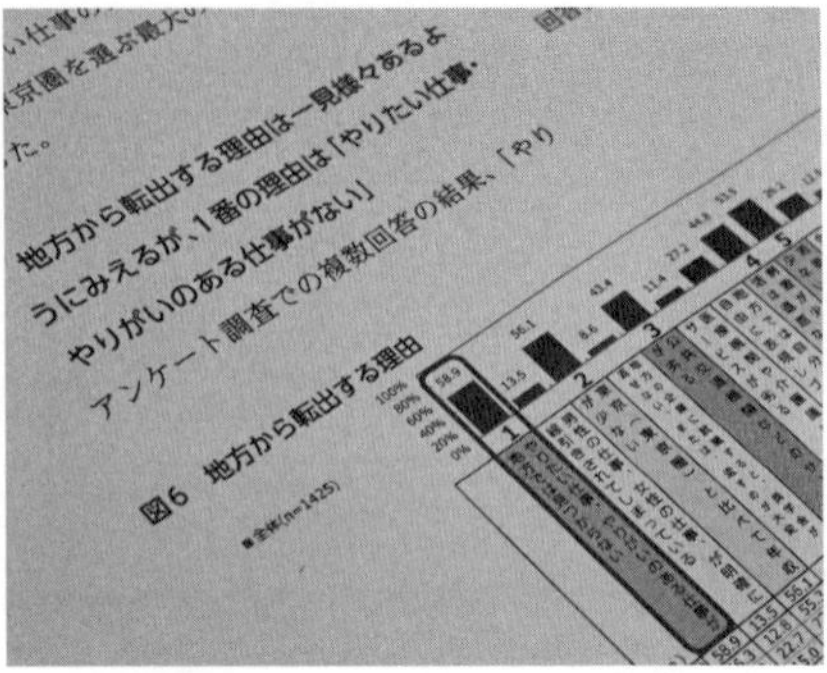

東北活性化研究センターのアンケート結果

　東北六県と新潟県から首都圏に転出した若年女性へのアンケート。インターネットを通じ、十八～二十九歳の女性二千三百人に▽県外で就職した理由▽将来的に地元に戻る意向▽いまの暮らしに対する満足度▽若年女性が地方から出ていく理由――など五十四の設問で尋ねた。

　調査報告によると、県外で就職した理由で最も多かったのは「希望する就職先がその場所にあった」。若年女性が地方から出ていく理由として多くの人が選んだ回答は「やりたい仕事、やりがいのある仕事が地方では見つからない」「東京（首都圏）と比べて年収が少ない」などだった。

地方からの人口流出について、若い女性にターゲットを絞り、その内面に迫った大規模調査は例がなく、調査結果はさまざまな場で引用されるようになった。二〇二二年の本紙連載「若者のミカタ」もその一つ。メディアを通じて天野の分析が自治体関係者に知られるようになり、いまの知名度へとつながっていった。

この調査には前段があった。二〇一八年に天野が発表したレポート「データで見る『東京一極集中』東京と地方の人口の動きを探る」である。

前年の住民基本台帳人口移動報告を基に、道府県ごとの東京への流出人口を男女別で比較したのが特徴。女性の流出が男性を上回った割合が大きかったのは、一位が秋田、二位岩手、三位長野、四位新潟、五位山形。九位に青森も入り、宮城を除く東北各県が上位を占めた。一方、男性の流出が女性より多いエリアは西日本に偏った。

これを目にした東北活性化研究センターが天野に連絡を取り、詳細なアンケートで若い女性たちの意識を探ろうと企画したのが二〇二〇年の調査だった。

センターの地域・産業振興部で課長代理を務める橋本有子（四六）は、二〇一八年に天野の講演を聴く機会があった。さまざまなデータを駆使して実証的に論を展開する姿勢に感銘を受け、調査への協力を願い出た。「『地方創生』といいながら、なぜ東北から人口がどんどん減っていくのかという疑問があった。『数字はうそをつかない』という天野さんの言葉があり、一緒に調査をすることになった」

調査をへて、橋本も「地方創生」の盲点を確信している。「はっきりしたのは、地方には女性

2017年 年間「東京へ向かう人々」男女比率ランキング

順位	都道府県	男性流出(人)	女性流出(人)	女性／男性 女性高流出傾向度(%)
1	秋田県	1374	1592	115.9
2	岩手県	1739	1835	105.5
3	長野県	3587	3656	101.9
4	新潟県	3535	3590	101.6
5	山形県	1509	1517	100.5
6	徳島県	600	600	100.0
7	宮崎県	1252	1248	99.7
8	山梨県	2358	2333	98.9
9	青森県	2184	2137	97.8
10	栃木県	3460	3384	97.8
～	～	～	～	～
37	石川県	1478	1292	87.4
38	北海道	7663	6654	86.8
39	三重県	1473	1274	86.5
40	香川県	1152	987	85.7
41	佐賀県	740	625	84.5
42	奈良県	1264	1052	83.2
43	滋賀県	1242	1012	81.5
44	大阪府	13253	10403	78.5
45	愛知県	9939	7762	78.1
46	広島県	3514	2742	78.0

（レポート「データで見る『東京一極集中』東京と地方の人口の動きを探る」掲載資料から作成）

の仕事がないということ。おじさま方が思うような仕事ではなくて、やりがいがあると若い世代が感じる仕事です」

　男女をひとかたまりに見ずに、問題の本質を探る——。こうした姿勢を天野が大事にするのは、母で循環器内科医の天野恵子（八一）の影響が大きいという。

　恵子は、父の仕事の関係で四歳から十四歳を秋田市で過ごし、秋田大付属中学校に通った。医師となり、循環器内科医としてキャリアを積むなかで出合ったのが、病気の発症やメカニズムに男女で差があることに着目する「性差医療」。一九八〇年代に米国で提唱されるようになったこの考え方に共感し、日本でも広めるべく活動を重ねてきた。天野にも性差医療の重要性を折に触れて語った。

　恵子は現在、ＮＰＯ法人「性差医療情報ネットワーク」の理事長。ＮＨＫの人気番組「プロフェッショナル仕事の流儀」で取り上げられるなど、その道の第一人者として知られる。

　男女の違いをきめ細かく見つめる視点を受け継いだ天野は言う。「人口の問題も同じ。男女を合算しちゃうと見えなくなるものがある」

　「地方創生」で展開されたさまざまな施策について、天野は、裏づけとなる客観的事実を欠いた「非エビデンス主義」と批判する。「かけ声だけ威勢のいい、感覚論に基づいた社会政策だった」「地方創生」をめぐっては、非エビデンス主義の極みともいうべき施策がさらに展開された。「地方での若者三十万人雇用創出」がそれである。

「若者三十万人雇用」のむなしさ

「全ての政策パッケージに具体的な成果目標を設定し、その効果を検証するＰＤＣＡのメカニズムを組みこんだ点で異次元だ。いいものができた」

政府が「地方創生」の総合戦略を公表した二〇一四年末の記者会見。地方創生担当大臣の石破茂（六七）は、独特の理屈っぽい口調で、総合戦略の充実ぶりを自賛した。

石破の言う「具体的な成果目標」の象徴的な存在が、「地方での若者三十万人雇用」だった。二〇二〇年までの五年間に、若い世代三十万人の安定した雇用を地方に創出する――。その狙いを総合戦略はこう説明している。

東京圏への一極集中を是正するためには、若い世代の東京圏への転入超過を解消する必要がある。そのためには、地方で毎年十万人の若い世代の安定した雇用を生み出せる力強い地域産業の競争力強化に取り組む必要がある。

毎年度二万人ずつ段階的に地方に雇用を創出し、二〇二〇年以降は毎年十万人の雇用を生み出す。

国内有数のシンクタンク「日本総合研究所」（東京）の上席主任研究員、藤波匠（五八）は、「地方創生」における若者の視点の欠落を批判してきた一人だ。

神奈川生まれ。大学院から大手電機メーカーをへて一九九九年に日本総研の前身に転職。地方の問題に目を向けるようになった契機には、二〇〇三年から五年間、山梨総合研究所（甲府市）に出向した経験があった。

当時三十代後半。家族四人で移り住んだ山梨で、地方の衰退を体感しながらも職住近接の暮らしを楽しんだ。「ある時、ふと気づいた。子どもたちも含めて、半径一キロぐらいの距離に全員いるんだなっていう安心感。それをすごく感じた」

「地方創生」に当初から懐疑的な目を向けてきた藤波（2024年2月9日、東京都千代田区）

地方暮らしの陰と陽を実感し、エコノミストとして地方と人口の問題をライフワークにする藤波にとって、「地方創生」の欠陥は明らかだ。

「数を追い、目につきやすい移住促進や子育て支援に施策が集中してしまった。雇用の質を高め、地域の企業の足腰を強くする地道な政策が足りなかった」。それは「地方の若者三十万人雇用」でも顕著だったと藤波は見る。

若い世代の「安定した雇用」をつくるとうたいながら、

政府が推進した「三十万人雇用」は、正規採用にこだわらないものだった。

二〇一四～二〇一九年の正規雇用の増減を、総務省労働力調査に見てみる。

全国十一ブロックごとに若年層（十五～三十四歳）の正規雇用の増減を比較したとき、大きく増えたのは「東京圏」で、十・七％のプラス。一方、それ以外の地域の平均は一・一％というわずかな増加にとどまった。秋田を含む「東北地方」にいたっては、マイナス五・六％という結果だった。

人手不足を背景に、正規雇用は全国的に微増傾向にあるものの、その多くが東京圏に集中している現状。「絶えず地方は人手不足だから、何かしらの仕事はある。ただ、雇用の質は高まっておらず、大卒者などに対応した雇用が生まれていない」

地方にとってさらに深刻な状況が水面下で進行したのが、コロナ禍だった。

オミクロン株が猛威を振るっていた二〇二二年二月、藤波は一本のレポートを公表する。「アフターコロナの女性雇用と地方創生」。コロナ禍にあっても東京圏ではＩＴ系企業を中心に女性の正規雇用が堅調に増え、女性の流入がさらに強まっている状況を浮かび上がらせた論考だ。

藤波はこのなかで、経済や雇用、教育、暮らしに関わる二十五種類の統計を都道府県ごとに分析。東京に女性が吸い寄せられる背景を探った。

・大卒者の占める割合や賃金水準が高い地域ほど、女性が転入してくる比率が高い。
・その逆に、企業への勤続年数や公務員の比率が多い地域ほど、女性が流出している。

浮き彫りになったのは、若年女性が何よりも仕事の質を重視し、東京へと向かっている現実だった。「女性はキャリア志向の高い地域に引っ張られ、安定志向の地域から流出している」

「地方創生」の十年は、女性と若者に何をもたらしたのか。藤波はその帰結を、近年さらに深刻化する少子化に見る。

日本の出生数は、年間百万人を初めて割りこんだ二〇一六年以降に減少のペースをいっそう早め、二〇二二年は八十万人を切るに至った。非正規雇用の広がりや賃金の伸び悩みを背景に、若い世代が家庭を持つ将来を描けなくなっている――。藤波の見立てだ。

「若い世代がしっかりとした賃金を得られて、彼らの希望を各地域で実現させられる環境をつくる。それは上の世代の責務だったのに、できていない」

藤波が独自に試算し、二〇二四年二月に公表した推計によると、二〇二三年の合計特殊出生率は「一・二程度」。過去最低を更新した。

若年層の正規雇用の増減率
(2014〜19年)

全国	3.9％
北海道地方	5.3
東北地方	-5.6
北関東・甲信地方	0
東京圏	10.7
北陸地方	-2.3
東海地方	0
近畿地方	3.2
中国地方	3.4
四国地方	-3.6
九州地方	2.0
沖縄地方	33.3

雇用の質、着目はしていた

天野馨南子（五二）や藤波匠（五八）が重要性を指摘する「雇用の質」。政府も、そこへの意識がないわけではなかった。

若い世代が地方で安心して働くことができるようになるためには「相応の賃金」＋「安定した雇用形態」＋「やりがいのあるしごと」といった要件を満たす雇用の提供が必要となる。「雇用の質」を重視した取り組みこそが、労働力人口の減少が深刻な地方では重要で……（略）

「地方創生」が始まった二〇一四年に政府が公表した総合戦略にある記載だ。

それにもかかわらず、有効な具体策が打ち出されなかったのはなぜなのか。「地方創生」へと至る政治と経済の大きな流れのなかに、手がかりが見えてくる。

二〇〇八年の年末。東京・霞が関の官庁街に隣接する日比谷公園は、職と住む家をなくした失業者であふれた。リーマン・ショックの波が日本の雇用環境を襲い解雇や派遣切りが相次ぐなか、困窮した人々を支援するため行われた「年越し派遣村」だ。

「村長」を務め、政府に対策を講じるよう迫ったのは、社会活動家の湯浅誠（五四）。活動の原動力となったのは、働き口と居場所を失った人たちをも「自己責任」と切って捨てる冷たい視線への憤りと危機感だった。

「『自己責任』は結局『他己責任』であり『社会的無責任』。社会全体がそういう風潮になっていくのは、極めてまずいと思った」

湯浅は、非正規雇用拡大の背後に、経済界と政治の深い結びつきを見る。

「年越し派遣村」の村長を務めた湯浅
（2024年2月16日、オンライン取材）

一九九〇年代前半にバブル経済がはじけ、不況に見舞われた企業は新卒学生の採用を抑制。「就職氷河期世代」が生まれた。さらなるコストカットのため経済界が目を向けたのが、非正規雇用の活用だった。

人件費抑制のために非正規を活用する経営策を日経連（現・経団連）が一九九五年に提言し、政府は四年後、派遣業務の対象を原則自由化。二年後に誕生した小泉純一郎政権は「聖域なき構造改革」を掲げ、非正規活用の流れが加速する。

首相の諮問機関として企業経営者らで発足した「総合規制改革会議」の答申を背に、政府は二〇〇四年、製造業における派遣労働を解禁。非正規労働者が大量に発生し、懸命に働いても貧困から抜け出せない「ワーキングプア」が増えていった。

さらに小泉政権は、経済界の要望にこたえるかたちで地方への財政支出を削減。自治体は職員の減員や非正規化を余儀なくされ、公共事業を進める予算も削られていった。

こうした流れのなかで高まった地方の不満が、二〇〇七年参院選での自民党の大敗や二〇〇九年の政権交代につながり、第二次安倍政権が「地方創生」に乗り出す前史となった――。政治学者で中央大教授の宮本太郎（六五）は、一連の経過をそうとらえる。「俯瞰《ふかん》して見れば『地方創生』の出発点はそこにあり、本来は構造改革からの足の踏み替えになるはずだった」

だが、安倍は「地方創生」と「アベノミクス」を同時に進める路線をとる。経済成長による富を中小企業や低所得者にも行き渡らせる「トリクルダウン」を、「ローカル・アベノミクス」で地方にもあまねく広げるというストーリーだ。「フレームとしては小泉構造改革と変わらない。結局、前面に出たのはアベノミクスだった」

社会保障が専門の宮本は「地方創生」が始まった当初、若い世代の就労支援や働き方改革がどの程度進むかに注目し、それぞれの地域に合った施策を具体化すべきだと考えていた。しかし、雇用の質を高めるための方策として政府が掲げたのは、農業の六次産業化の推進や観光振興などだった。

「一部の先進事例を錦の御旗のようにして他の地方にもがんばれと言ったが、全国津々浦々、置かれた状況は異なる」「地域を支えながらも人手不足に陥っている医療や介護、保育といったエッセンシャルワークの処遇改善や、若者が柔軟な働き方を選べるしくみづくりが大切なのに、それを本気で進めなかった」

「若者向け政策が十分に行われず、若者支援は蒸発した形になった」と指摘する宮本（2024年2月15日、オンライン取材）

「地方創生」の総合戦略を定めてから九カ月後、政府は派遣労働の規制をさらに緩和。派遣期間の制限を事実上、撤廃した。「雇用の質」を高めるといいながら、非正規の固定化を強めかねない施策だった。

非正規雇用の割合はいまも約四割と高止まりが続く。若者を中心に実質賃金が伸び悩む状況も大きく変わってはいない。

貧困問題に取り組み続けてきた湯浅は、「勝ち組・負け組」という言葉が象徴する新自由主義的な価値観は、若い世代からは薄れてきたと感じている。半面、上の世代にはその価値観が根強く残り、若者の苦境につながっていると見る。

「生きづらい、身の置きどころがない、誰もわかってくれないといった感覚を持つ若者は、いまも多いのではないか」

シルバー民主主義の果てに

県教育次長の村田詠吾（五七）はかつて、県財政課に長く在籍した。

庁内各部局の要望と財政のバランスをとりながら、どんな事業にどれだけの県費を充てるか検討する仕事。政策監や課長などを務めるなか、しばしば感じることがあった。

「高齢者向けの予算に比べ、若者向けの予算は規模が小さくなりがちだ。各部局から上がってくる要望を見ながら、そう思っていた」

「地方創生」をめぐり県内で展開された施策は、若者や女性をどれだけ意識したものだったのか。「地方創生」関連の主な交付金を活用して県と二十五市町村が二〇一五〜二〇一九年度に実施した計二百九十三事業について、取材班は事業内容を精査してみた。

全体の傾向として目立つのは、産業振興に関連した取り組み。一方、若者や女性向けの事業は多くはなかった。

・県の「地方創生インターンシップ事業」＝県内で働く社会人女性と女子学生の交流会
・由利本荘市の「地域産業を支える人材確保推進事業」＝若年女性の起業や創業に対する支援

これらのように、若者や女性向けと判断できたのは二十八事業。全体に占める割合は九・六％にとどまった。若者・女性向けとみなせる事業がまったくない自治体も複数あった。

「人口が減り、地域の活力も失われるとなれば、まずは産業づくりに目が向く。若者の定着や回帰が県の重要課題として意識されるようになったのは最近のことで、個人の生き方に行政がどこまで関与できるのかという葛藤もあった」。県予算策定の現場に長年いた村田は、そう振り返る。有権者に占める高齢者の割合が増加し、政策が高齢世代を優先しがちになった政治を「シルバー民主主義」という。

二〇二三年三月十七日、仙北市議会。

「起立少数であります。したがって、本案は否決されました」。市が提案した「敬老祝金条例の一部を改正する条例制定案」が、賛成四、反対十一で否決された。

八十歳となった市民に五千円の祝い金を贈る制度をやめ、浮いた財源を子育て施策の拡充に充てる計画。「正直、否決には驚いた」。市長の田口知明（五三）は振り返る。「少子化が進むなかで地域の存続を図るには若者支援が絶対に必要。市が若者に向き合い、支援していくという本気の姿勢を見せたかった」

反対票を投じた市議の一人、熊谷一夫（七一）は言う。「子育て支援の充実は必要だが、戦前戦後の厳しい時代に難儀してきた人たちへの感謝と敬意をこめた祝い金を廃止してやるべき話ではない」

否決を新聞やテレビが報じると、SNSでは反対議員らへの批判が飛び交った。それでも熊谷は言う。「若者か高齢者かではなく、全世代が恩恵を受けられる市政であるべきだ」

80歳の敬老祝い金を廃止する条例改正案について起立採決する仙北市議会。改正案は否決された（2023年3月17日）

二〇一二年、鹿児島県・奄美群島の伊仙《いせん》町。八十～八十四歳の町民に毎年五千円支給していた敬老祝い金を廃止し、子育て支援を拡充する町の提案が議会で認められた。「祝い金をお年寄りが楽しみにしている」という反対意見もあったが、採決では賛成が上回った。

町長の大久保明（六九）によると、集落を回っての行政説明会で「自分たちの祝い金を孫のために使ってほしい」という七十代女性の声を聞き、敬老祝い金の廃止を発案した。

当時、町の人口が減るなかで小中学校の統廃合が課題となっていた。子育て世代向けの町営住宅を整備し、家賃補助を設けると、十年間で児童・生徒が百八十人増加。学校は維持された。

大久保は言う。「議会が反対するなんて、自分たちの世代のことしか考えていない。そういうことをしていたら、子どもがいなくなって学校がなくなって集落がなくなるに決まっている。危機感を持たない方がおかしいですよ」

「秋田は全国に比べ、高齢化が五十年ぐらい速く進んでいる」。国立社会保障・人口問題研究所（社人研）の元副所長、金子隆一（六七）は、二〇二三年十月に横手市で開かれた講演で言った。県内の高齢化率は二〇二三年七月時点で三十九・三％。社人研の推計では、全国平均が同じ水準になるのは約半世紀後の二〇七〇年ごろと見込まれている。秋田が人口減少の「課題先進県」といわれるゆえんだ。

有権者における高齢者の割合が高まり、熱心に投票するのも高齢者。シルバー民主主義が世を覆うなかで空転した、「地方創生」の十年。

「若い世代は減るわ投票には行かないわで、社会資源の配分が高齢世代に偏るメカニズムがある。よほど思い切ったことをしないと、このメカニズムの打破は難しい」

秋田を出た女性たち、何思う

県南の会社でウエディングプランナーをしていた女性（四一）は、二年前から東京で働く。三十五歳で地元を離れ、仙台での仕事を経由して都内の会社に転職。そこでは驚くことがたくさんあった。

女性社員が多く、管理職は女性が大半。業務は県内企業にいたときと変わらないが、十分に満足できる給与がもらえるようになった。

「世界が全然違う。こんなに女性が活躍できて、結婚してからも不安なく続けられる会社があるんだなって」

女性が秋田を離れたのは二〇一七年。政府が「地方創生」を打ち出して三年後のことだ。

県南の高校を卒業し地元で就職。二十代後半で現場を取り仕切るマネージャーとなった。

しかし、そこから上のポストは男性が占めていた。自分より後に入社した男性が先に昇進することもあった。十六年勤めたが、手取りは二十万円をなかなか超えなかった。

「男性と対等でいたいと思っていたけど、評価されている感覚がなかった。ここにいても成長はないなと感じた」

秋田出身で東京圏（埼玉県、千葉県、東京都、神奈川県）で働く女性たちを対象に、秋田魁新報は二〇二四年二月、インターネットを通じアンケートを行った。▽東京圏で就職した理由▽秋田での就職を検討したことがあるか▽将来的な帰郷の可能性——などを尋ね、三百人余りから回答を得た。

東京圏に出た理由として多くの女性が挙げたのは「仕事」だった。

「業界・業種・人材が多様でさまざまなキャリアパスが描けると感じた」（東京都の三十代）

「東京の企業で就職し経験を積むチャンスを、新卒のうちに生かしたかった」（東京都の二十代）

「学歴を生かせる仕事が秋田だと公務員くらいしか思い当たらなかった」（千葉県の二十代）

一方、秋田での就職を検討したことがあるかという問いには、半数近くが「ある」と答えた。

一度は県内企業で働いたものの、転出した人もいた。その理由には「秋田の企業は給料が低かった」「閉鎖的な環境が苦しくなった」「一生秋田に住み続けるイメージがわかなかった」といった声があった。
秋田へのイメージには「男尊女卑」「排他的」「人間関係の狭さ、密さ」などが挙がった。いまの暮らしに対する満足度については、大半が「満足している」と回答した。
若い世代を軽んじる空気を指摘する声も目立った。
「高齢者ばかりにフォーカスし、高齢者を支える二十〜五十代をないがしろにしている」（東京都の二十代）
「若者に対する恩恵が感じられない。秋田で一生を終えたくなかった」（東京都の二十代）
「若者より年配の意見が優先されている。『昔からこうだから』でいろいろなことが済まされてしまう」（東京都の三十代）
秋田で働くことも視野にはあったが、地元への否定的な感覚が勝り、現在は東京圏での暮らしに満足している――。アンケートからは、彼女たちのこうした輪郭が浮かぶ。
日本総合研究所の藤波匠（五八）は、秋田で若い女性が働く場についてこう指摘する。「行政や金融機関などを中心に、正職員・正社員としての女性の採用が進められてきたが、他の地域に比べて遅れている印象は拭えない」
多くが言及する「閉鎖性」に関しては「魅力的な雇用ができて、他の地域からもどんどん人が入るようになれば、多様化した社会が生まれる。そうなれば『閉鎖性』というのも過去の話になっていく気がする」と述べる。

質問項目と主な回答

東京圏で就職した理由

- 採用枠が多く、国際的に開けているから（神奈川・30代）
- 初任給、キャリア制度、女性の働き方などの面で秋田より東京で就職するメリットが大きかった（東京・20代）
- しがらみにとらわれず都会で自由に暮らしたかった（千葉・20代）

秋田を離れると決めた時期と理由

- 高校時代。高校を卒業したら、東京に行くものだと思っていた（千葉・30代）
- 中学時代。周囲が知り合いだらけで嫌になった（東京・20代）

最終的に秋田で就職しなかった理由

- 金銭面とやりたい仕事の兼ね合い、田舎特有の人間関係の煩わしさ（東京・40代）
- 低賃金、業種選択の少なさ、大きな仕事ができる魅力的な企業が少ない（東京・30代）
- 自分のキャリアを生かせる仕事が少なく、別の業種に就いても給与が下がる（神奈川・30代）

どういうきっかけがあれば、秋田に戻りたいと考えるか

- 就職先があれば戻りたい。だが首都圏の情報の速さや便利さなどに触れると戻りづらい（埼玉・20代）
- 交通の便が改善されること、古い考えの押しつけがなくなること（東京・20代）

ニッセイ基礎研究所の天野馨南子（五二）はこう語る。

「人手不足と言うのであれば、男性も女性も分けへだてなく優秀な人材を採用する意欲が経営者に必要だ」

「日本で一番人口が集まる東京でも、企業は人手不足を嘆いている。それなのに、地元社会のありようを変えないまま『いい人だけ来て』と言っていたら、それは滅びの哲学だ」

こうした状況には、県も危機感を強め始めている。

二〇二四年二月十八日には、秋田出身や秋田に関心を持つ二十～三十代女性十人を招いた意見交換会を都内で開催。参加者からは「東京は多様な価値観を受け入れてくれる」といった声が上がった。

取り組みは緒に就いたばかり。県は同様の機会を今後も重ね、人口減対策に反映していくとしている。

冒頭のウエディングプランナーの女性は現時点で、故郷に戻る考えはないという。

「秋田にいてもよかったかなと思うところもあるが、そのためには働き方や会社の環境が改善されないと」

「でも秋田に何かお手伝いできたらいいなとは常々思っていて。だから今回、アンケートに協力したんです」

抜け出せない「男優先」

「反省もこめて言うが、平成の初めまで県の企業誘致は『男子型』だった。男優先。これがいまも響いている」

知事の佐竹敬久（七六）は、二〇二二年六月の県議会でこう語った。当時本紙が展開中だった連載「若者のミカタ」に触れた県議の質問に答えた。

この一年前、佐竹は県政の重要課題を進めるポストである「理事」に、初めて女性を起用した。損害保険大手・損保ジャパンのグループ会社で社長を務めていた陶山《すやま》さなえ（六六）だ。「女性活躍」を前に進める象徴的な存在として、陶山は県庁に迎え入れられた。

女性活躍の象徴として県が理事に迎えた陶山
(2024年2月16日、オンライン取材)

二年間の任期中、陶山は県内各地でさまざまな年代の女性や企業経営者と対話。官民の女性が運営を担う円卓会議（ラウンドテーブル）を立ち上げ、第一線で活躍する女性や有識者を招いた講演や話し合いを精力的に重ねた。

二〇二三年六月で退任し東京で暮らす陶山は、秋田での日々を振り返って言う。「女性たちは優秀で能力が高いのに、社会が生かしきれていない。女性や若者のキャリア形成を後押しするしくみが十分でない」

内閣府のまとめでは、秋田県内の会社役員や公務員の管理職のうち、女性が占める割合は十三・五％（二〇二〇年）。全国で四十二番目、東北では最下位に位置する。

佐竹が認めたように、県が産業振興の柱とする企業誘致も長らく、男性の雇用確保を大目標にしてきた。

県の企業誘致制度は、高度経済成長期の一九六一年度に始まった。農閑期の出稼ぎを機に、待遇のいい仕事を求めて男性労働者が首都圏に流出する流れが強まった時代だ。

多くの働き口を県内に確保することが求められ、県は補助金と工業団地を用意。多数の労働者を吸収する工場を次々と誘致した。県産業労働部長の石川定人（五九）は「『男は仕事、女性は家に』という時代。とにかく男の雇用が生まれればいい、ということだったのだろう」と語る。

経済成長の過程で都市と地方の格差拡大が問題視され、政府が「地域間の均衡ある発展」を掲げたころでもあった。国土政策のもとで工業の地方分散が進み、全国各地で企業誘致が加速していった。

時は下り、二〇一四年に始まった「地方創生」。政府は企業の地方移転を目玉施策の一つに掲げた。だが、移転の動きは大きなうねりとはなっていない。むしろ、女性や若者が魅力的な仕事を求め東京圏に向かう傾向がコロナ禍をへて再び強まっている。

最近になって、県は女性や若者が求める賃金水準や業種を考慮した企業誘致を本格的に意識し始めた。とりわけIT企業の誘致が増えている。ただ、石川はこうも言う。「若者を呼び戻すためさまざまな取り組みをしているが、効果が実感できるまでいくのはなかなか難しい」

陶山が理事に就任して一年半余り後、県は二〇二三年度当初予算で「若年女性の定着・回帰」を主要施策として初めて前面に打ち出した。女性が働きやすい職場づくりや経営者の理解促進、スタートアップ（新興企業）が生まれる環境の整備……。遅まきながら女性や若者の意識をとらえた政策に乗りだしたのが、県政の現在地だ。

地方が女性や若者の流出に苦慮するなか、岸田文雄政権は二〇二三年初め、「異次元の少子化対策」を打ち出した。年三兆六千億円程度を投じ、児童手当の拡充や保育の充実、育児休業給付の増額などを進めるとしている。

社会保障を専門とする政治学者の宮本太郎（六五）は「若者や女性が前面に出たことは評価していい」とする一方、「第三子以降の児童手当倍増」をはじめ、すでに子どもを持つ世帯への支援に重きを置く姿勢に疑問を呈する。「少子化の根本にある課題は、地方で若者たちが十分な見返りを得る働き方ができず、結婚もできない点だ」

「異次元の少子化対策」は若者の所得を増やす方策として「リスキリング（学び直し）」を掲げ企業に対する支援制度を設けているが、宮本は「現状では大きな会社が新規事業を展開するため社員を訓練する補助金という色合いが強い。地方の若者たちに届くお金ではない」と指摘する。

バブル期に日本で働いた経験を機に東アジアを研究領域とする人口経済学者の米プリンストン大教授、ジェイムス・レイモ（五九）もまた、既婚者や多子世帯に焦点を当てた政策の実効性に疑念を抱く。「安定した収入を得られない若者への支援のほうが、はるかに適切だ」

性別を理由に男女の役割を分ける「性別役割意識」が国際的に見ても根強く、それが若者の苦境をさらに深めている——。レイモの目に日本社会はそのように映る。「男性が主たる稼ぎ手となることが期待され、女性は自身のキャリアか家庭かという二者択一に直面する。経済的な不安定さが家庭を持つことへの特に大きな障害となるのは、ジェンダー平等でない価値観が残っているからだ」

性別役割意識の解消は、県理事として活動するなかで陶山が向き合う課題でもあった。自ら「ふるさと」と呼ぶようになった秋田での経験をへたいま、「地方創生」の課題が見えてきた気がしている。

「私も含め、中央にいる人たちは地方のことを知らずに絵を描いていたんだなって」

第四部　止まらない一極集中

アクセル踏んだ先に

東京湾に面したマンション街で二〇二四年三月二日、ガラス張りの建物に親子連れが次々と吸いこまれていった。

四月に開校する中央区立晴海西小学校・中学校。近隣住民向けの内覧会に約五千人が詰めかけた。

一帯のマンション群は、東京五輪・パラリンピックに向けて建設された選手村を改修した再開発地区「晴海フラッグ」。約十三ヘクタールの敷地に二十三棟、五千六百三十二戸を整備し、一月に入居が始まった。秋田でいえば羽後町に匹敵する一万二千人の街の誕生。これに合わせて区が新設したのが、地上五階地下一階の晴海西小中学校だ。

内覧会に立ち合った区教育委員会事務局の学校施設課長、岡地貴志(四六)は言った。「地域の子どもの多さを実感した。引っ越してくるのは大半が子育て世帯。今後も児童生徒は増えると思われ、対応が難しくなっていきそうだ」

東京五輪の招致が決まった翌年の二〇一四年、政府は「地方創生」をスタートさせた。そこで最重要課題に掲げられたのが「東京一極集中の是正」だった。

しかし当時、政権には二律背反としか言いようのない状況が生まれてもいた。東京をより一層成長させようとする「アクセル」と東京への人の流れを食い止めようとする「ブレーキ」を同時

マンション群に囲まれ、ガラス張りの外観が特徴的な晴海西小中学校（2024 年 3 月、東京都中央区）

に踏む姿だ。

アクセルとして強い推進力を発揮したのが、地域を限定してさまざまな規制を緩和する「国家戦略特区制度」である。

民主党から政権を奪い返し二〇一二年に発足した第二次安倍内閣は、成長戦略を練る「産業競争力会議」を新設。会議のメンバーの一人で当時慶応大教授の竹中平蔵（七三）が提案した「アベノミクス特区」を原形に翌二〇一三年、国家戦略特区制度が創設された。

「特異な規制や制度を徹底的に取り除き、世界最先端のビジネス都市を生み出す制度を創設する」（二〇一三年十月、臨時国会本会議）

「世界と戦える国際都市形成のために必要な改革の方針を整理できた」（同月、日本経済再生本部の会合）

首相の安倍は当時、国家戦略特区の意義についてこうした発言をくり返した。

特区の第一弾に指定されたのは、東京圏、関西圏、兵庫県養《や》父《ぶ》市、新潟市、福岡市、沖縄県の六地域。そのなかでも、首都東京の発展に主眼が置かれていたのは、安倍の発言が示す通りだ。

さらに言えば、政府の重心は当初からアクセルに置かれていた節がある。

二〇一四年十月一日に東京・霞が関で開かれた東京圏の国家戦略特区に関する会議。議事要旨によると、「地方創生」と国家戦略特区の双方を担当する内閣府副大臣の平将明（五七、衆院東京四区）は次のような発言をしている。

「政治の世界では東京の独り勝ちをどうするかというピントの外れた議論がある」

一極集中の是正を「ピント外れ」と一蹴した平は、続いてこう言った。「グローバルに見れば、独り勝ちどころか、劣勢になりつつある。国家戦略特区で東京圏がどんどん進化していくことが日本経済全体にとって、また『地方創生』というテーマにとっても役に立つ」

政府は「地方創生」の開始に合わせ、地方と東京圏の人口の流出入を二〇二〇年に均衡させるという目標を設定した。しかしその後、地方から東京圏への流入はむしろ拡大した。

二〇一四年に十万九千四百八人だった東京への流入超過は二〇一九年には十四万五千五百七十六人に増加。コロナ禍でいったん縮小したものの、二〇二二年に増加に転じ、二〇二三年は二〇一四年を上回る十一万四千八百二人に上った。

東京圏への流入超過数の推移

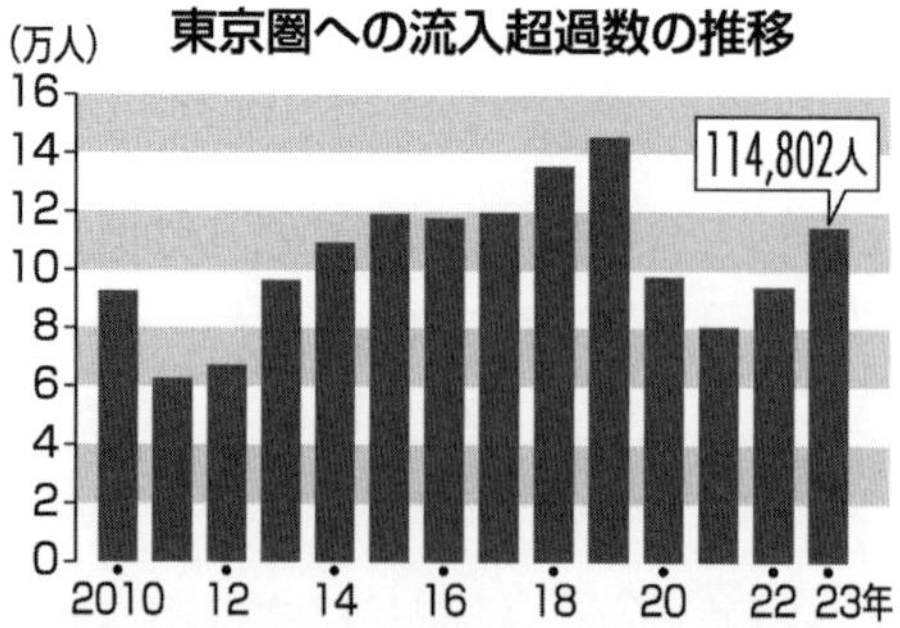

※総務省「住民基本台帳人口移動報告」（日本人移動者）を基に作成

「僕は元々、都市と地方の人口移動をイーブンにするのは無理だと思っていた」

初代の地方創生担当大臣補佐官を務めた伊藤達也（六二、衆院東京二十二区）はそう振り返る。

「会議でも、無理な課題設定をすべきじゃないと発言した。デフレから脱却するには都市の活性化が一番成果が出やすい。都市に活力が生まれれば、そこに人が集まってくるという状況が生まれる」

政府は流出入均衡の達成期限を二度先送りし、現在は二〇二七年度までの目標達成を掲げている。

「いままでありがとう」

二〇二四年三月十五日、月末で百四十九年の歴史に幕を閉じる北秋田市の前田小学校で最後の卒業式が開かれた。卒業生は在校生や恩師、地域住民に感謝の言葉を述べた。下校時には玄関近くのホールで在校生や教職員一人一人と握手し、思い出深い校舎を後にした。

秋田県内では「地方創生」の十年で小学校五十校、中学校十九校が閉校した。最盛期の一九六三年度に千六十六人いた前田小の児童も、いまは二十八人。最後の卒業生八人の一人、岸野温仁《あつひと》（十二）は「長い歴史のある学校が閉校になってしまうのは、地域の人にとっても僕たちにとっても悲しいこと」と言った。児童は四月から、七キロ余り離れた統合先の米内沢小までスクールバスで通う。

東京・晴海西小中学校。

小学校が二十三～二十四学級の約八百人、中学校が七～八学級約二百人という規模で開校する。だが、マンション群へのファミリー層の入居が相次いでおり、二〇三一年度には教室が足りなくなる見込み。区は約五〇〇メートル離れた場所に第二校舎を建て、小学一～三年生をこちらに通わせる計画だという。

国のかたち描けず、東京膨張

初の東京五輪を二年後に控えた一九六二年、政府は国づくりのグランドデザインをまとめた。「全国総合開発計画（全総）」。戦後日本で初めての国土計画である。

都市の過大化を防ぎ、地域の均衡ある発展を目指す──。全総は、高度経済成長のもとでヒト、モノ、カネが大都市に集積し、生活環境の悪化や地方との格差を引き起こしていると問題提起。地方都市への工業の分散をてこに、課題を解決する必要性を説いた。

この年、東京圏への転入超過は過去最多の約三十八万八千人に上った。秋田県からの転出超過も戦後最多の二万五千人余り。中学を卒業した「金の卵」が集団で上京した時代だ。

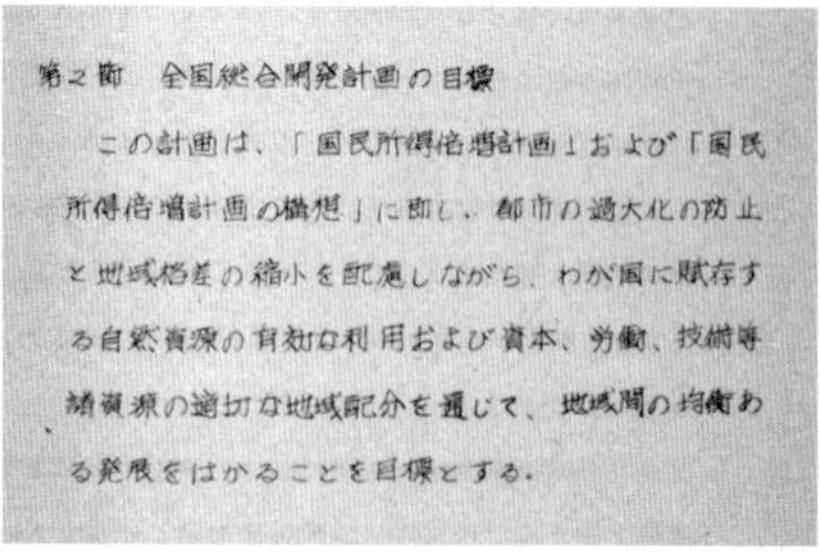
第２節　全国総合開発計画の目標

この計画は、「国民所得倍増計画」および「国民所得倍増計画の構想」に即し、都市の過大化の防止と地域格差の縮小を配慮しながら、わが国に賦存する自然資源の有効な利用および資本、労働、技術等諸資源の適切な地域配分を通じて、地域間の均衡ある発展をはかることを目標とする。

「全総」の閣議決定文書。「地域間の均衡ある発展」を目標に掲げた

「国土のゆがみを是正するために、どうすればいいのか。日本中の優秀な経済学者が集められ、徹底した議論をへてできたのが全総。それを政治のリーダーが支え、各省庁のエース級の官僚たちも国土政策に関心を持っていた」

官僚として長年、国土政策に携わった北海道文教大特任教授の小磯修二（七五）が振り返る。

戦後まもなく大阪市に生まれた小磯が地方に目を向けたきっかけは、京大での学生時代にある。安保闘争に揺れるキャンパスを抜けだし、米国や欧州に貧乏旅行に出かけた。伝統的な街並みや地域に誇りを持って暮らす住民に触れ、「地方は貧しいもの」という固定観念が崩れた。「地方が輝いてこそ、国全体が豊かになる」。大学を卒業した一九七二年、旧北海道開発庁に入った。

この年、越後の寒村から身を立てた田中角栄が「日本列島改造論」を発表。田中は「都市集中の奔流を大胆に転換する」と約束し、新幹線や高速道路を全国に行き渡らせて工業と人口の分散を実現すると説いた。

旧国土庁で国土政策に携わった小磯
（2024 年 3 月 7 日、オンライン取材）

小磯は言う。

「列島改造論はまさに全総と連動していた。さまざまな批判はあれど、政治家がトップリーダーとして国土政策を進めていく時代だったのは確かだ」

全総は一九六二年から一九九八年にかけて、五度つくられた。

一九七七年の三全総は「人間居住の総合的環境の整備」を掲げ、その理念は大平正芳首相の「田園都市構想」に結びつく。「ふるさと創生」を打ち出した竹下登内閣では、首相が首都機能移転の議論を主導した。そうした現場に官僚として立ち合った小磯は、強いリーダーシップで国土政策をリードした政治家たちの姿を記憶している。

だが、国土の均衡ある発展はついに果たされなかった。一九六五年に日本全体の二割だった東京圏の人口はいま、三割に迫る。

なぜこの国のかたちは変わらないのか。

小磯は国土政策の衰退に原因を見る。引き金は、一九八〇年代半ばに生じたバブル経済とその崩壊だ。

欧米の新自由主義にならい「民活路線」を打ち出した中曽根康弘内閣は、さらなる経済成長を旗印に、規制緩和や民営化を進めた。全総が目指した「均衡ある発展」というたがが外れ、東京の開発が拡大。投資ブームの過熱で都心の地価や株価が高騰した。

だが、一九九〇年代に入り、バブルがはじける。一転して窮地に陥った経済の復活を期し、政府は「構造改革」の名のもとに、さらなる規制緩和にかじを切った。

一九九八年に策定された最後の全総「二十一世紀の国土のグランドデザイン」で、均衡ある発展という視点は大幅にトーンダウン。二〇〇一年の中央省庁再編で、国土計画を担ってきた旧国土庁は解体される。

この年に誕生した小泉純一郎政権は、新自由主義路線をさらに加速。経済界の後ろ盾を得ながら都心の再開発を進める一方、地方への財政支出を削減し、市町村合併を強力に推し進めた。

「そうしたなかで、東京と地方の不均衡が拡大していった」。小磯が注目するのは、地方から東京への金の流れだ。

地域同士の経済活動の相互依存関係を表す政府の「地域間産業連関表」をもとに、民間の建設投資の推移を小磯が分析したところ、地方で建設業に投資された金が関東圏に流れ出る傾向が強まっていた。

地域ごとの産業構造を表す産業連関表は都道府県それぞれがまとめているが、東京都のそれには、他にない特有の産業分類がある。「本社」だ。二〇一五年の生産額はサービス業に次ぐ第二位で三十・七兆円。実質的な生産活動を伴わない「本社」が集中していることにより、全国で展開する事業活動の収益が首都に吸い上げられる体系が、この国にはある。

東京一極集中と国土政策を巡る主な動き

1962年	▶東京都の人口が1千万人に ▶政府が全国総合開発計画(全総)を策定。「地域間の均衡ある発展」をうたう
1969年	▶新全国総合開発計画(新全総)。基本目標は「豊かな環境の創造」
1972年	▶田中角栄が「日本列島改造論」を発表。首相に就任
1977年	▶第三次全国総合開発計画(三全総)。基本目標は「人間居住の総合的環境の整備」
1980年	▶首相の大平正芳が設置した研究会が国家ビジョンとして田園都市構想をまとめる。都市と農村のかかわり合いや地域の個性、多様性を重視
1982年	▶中曽根康弘が首相に就任。規制緩和を進め、東京の都市開発を促進する
1987年	▶第四次全国総合開発計画(四全総)。基本目標は「多極分散型国土の構築」
1990年代初め	▶バブル経済が崩壊
1998年	▶最後の全総である21世紀の国土のグランドデザインが策定される。基本目標は「多軸型国土構造形成の基礎づくり」
2001年	▶旧国土庁が解体
2002年	▶首都圏などで工場の設置や大学の新増設を規制していた工場等制限法を廃止 ▶小泉政権下で成立した都市再生特別措置法による規制緩和で、都心開発が加速
2014年	▶「地方創生」開始
2020年	▶東京の人口が1400万人に達する

「市場経済に任せた結果、

ヒト、モノ、カネが東京に集中する流れが加速している。こうしたいびつな構造をとらえたうえで地方政策を議論すべきだが、政府はこの『不都合な真実』を見ていない」

「地方創生」を掲げながら、東京一極集中の流れがむしろ強まったこの十年。小磯は「『地方創生』は結局、国土政策ではなかった」と断じる。

「日本の将来を考え、科学的分析に基づいて打ち出した政策とは言えない。国土政策を真剣に考える政治家や官僚がいなくなったことが、『地方創生』が進まなかった大きな要因ではないか」

大学の定員抑制、中途半端

「地方創生」五年目の二〇一八年、政府は、東京二十三区内の大学の定員増を禁じる「地方大学・産業創生法」を成立させた。「東京一極集中の是正」という目標が一向に実現に向かわないなかでの、てこ入れ策だった。

東京都心の大学の学生数をめぐる状況は、ここ二十年で大きく動いた。

文部科学省の学校基本調査によると、二十三区内の大学に通う学生は一九九〇年に三十九万二千六百三十一人、二〇〇〇年に三十八万四千三百十八人と、長い間四十万人を切る規模で推移してきた。しかし、二〇〇八年に四十万三千九百四十六人と初めて四十万人を突破し、二〇二三年には四十九万一千四十六人に達する。四半世紀で二十七%増という大きな伸びだった。

都心の学生がこれだけ増えた背景には、ある法律の廃止がある。都市部への工場などの立地を規制してきた「工場等制限法」だ。

高度経済成長期の一九五九年、大都市部への産業と人口の過度な集中を防ぐため制定された法律。一定規模以上の工場の新増設を制限するのが主眼だったが、規制対象には大学も含まれ、東京二十三区内への新増設が同様に規制されてきた。

小泉純一郎政権下で相次ぎ進められた規制緩和の一環で、この法律は二〇〇二年に廃止。すると、私立大学の都心への回帰が急速に進んだ。

東洋大、法政大、青山学院大、東京理科大などが東京近郊から二十三区内にキャンパスを移転。二十三区内への大学の設置も私大を中心に増加し、二十三区内の大学数は二〇〇二年の七十三校が二〇二三年には百一校となった。

「工場等制限法があったころは、都心に大学を増やすべきではないという考えが政策としてあったが、廃止により、高等教育が市場原理に委ねられた。市場原理のなかで私立大が効率的な大学運営を考えれば、都市部に大学が集中するのは必然だ」。釧路公立大学長として大学運営に携わった経験を持つ北海道文教大特任教授の小磯修二（七五）は言う。

こうした流れを踏まえれば、二十三区内の大学の定員増を禁じる「地方大学・産業創生法」には一定の効果が期待できそうなものだが、話はそう単純でもない。

学校基本調査によると、都内の大学に地方から入学する学生は平成に入って以降、現在に至るまで一貫して四万三千人前後でほぼ変わらずに推移してきたという現実がある。先に挙げた二十三区内の学生数増も、その大半はそもそも、地方からの入学者ではなく東京圏に住む学生であり、「定員抑制」もさほどの効果を生まなかったということがいえる。

そのような施策がなぜ打ち出されたのか。

かぎは、その時期にありそうだ。

「東京一極集中の是正」は二〇一四年の「地方創生」スタート時に掲げられた目標だが、その後、東京圏への人口の流入はむしろ拡大するばかりだった。

二〇一七年に政府は「地方大学の振興及び若者雇用等に関する有識者会議」を設置し、定員抑制につながる議論が始まった。会議の座長代理だった増田寛也（七二）は、当時の会合で「東京の出入りを二〇二〇年に均衡するという閣議決定があったが、達成が困難。あらゆるツールを動員して実現を図っていくべきではないか」と語っている。

「地方大学・産業創生法」の法案が審議された二〇一八年、国会では野党議員から次のような批判が上がっていた。「安倍政権の『地方創生』が手詰まりであると認めることになるのではないか」（二〇一八年五月十六日の参院本会議）

日本教育政策学会会長で名古屋大名誉教授の中嶋哲彦

大学の定員抑制をめぐる主な動き

2016年11月	▶全国知事会が東京23区の大学・学部の新増設の抑制を政府に求める緊急決議をまとめる
12月	▶政府が「まち・ひと・しごと創生総合戦略」の改訂版に「東京の大学の新増設抑制について抜本的な対策を検討し、17 年夏を目途に方向性を取りまとめる」と明記
17年 5月	▶「地方大学の振興及び若者雇用等に関する有識者会議」が東京23区の定員抑制を求める提言を政府に提出
18年 5月	▶地方大学・産業創生法成立。28年までの10年間、東京23区の大学の定員増を禁じる
23年 2月	▶政府がデジタルに詳しい人材を育成する学部・学科に限って東京23区にある大学の定員増を容認する方針を示す

（六八）は言う。

「政府は大学設置の許認可権限を握っており、施策を動かしやすい。効果が薄かろうと、何かやらないといけないからやったという感じではないか」

政府は二〇二三年二月、デジタル人材を育成する情報系の学部・学科について二十三区内の大学の定員増を容認する方針を表明した。しかし、「東京一極集中の是正に逆行する」という反発が続出し、増員の対象とする学部・学科を限定する迷走ぶりをみせた。

国の大学政策を振り返る中嶋（2024年3月13日、オンライン取材）

中嶋は政府の大学政策を振り返ってこう語る。「小泉改革時代には、「国にはビジョンがない」。今回の方針転換も、『デジタル人材育成』と『定員抑制反対』の間で落としどころを探った結果だろう」

地方の大学をどうするかという見通しのないまま規制を緩和した。

小磯も「高等教育政策のなかでバランスよく大学を全国に配置する視点を国が持っていなかったことがそもそもの問題。『地方創生』では、定員抑制だけではなく、もっとドラスチックな政策が必要だった」と指摘する。

中枢都市圏「やってる感」

「地方創生」開始時、東京一極集中の是正に向けて政府が打ち出した施策に「連携中枢都市圏構想」がある。

人口二十万人以上などの要件を満たす市とその周辺市町村を連携させようとするもので、総務省は狙いを次のように説明していた。「コンパクト化とネットワーク化により、（中略）一定の圏域人口を有し活力ある社会経済を維持するための拠点を形成する」

「つまりは『選択と集中』。地方から見れば、市町村合併と同様に周辺地域の切り捨てにつながる不安があった」。地域政策に詳しい岩手県立大准教授の役重《やくしげ》真喜子（五七）は指摘する。

「選択と集中」の問題を指摘する役重
（2024年3月18日、オンライン取材）

千葉県出身の役重は、農林水産省の官僚から二十代で岩手県の町職員に転じた経歴を持つ。転機は入省二年目の一九九〇年、二十三歳で経験した農家研修だった。

東和町（現花巻市）の農家のもとに一カ月住みこみ、稲刈りや牛の世話を体験した。都会で育った役重にとって農村は別世界。農家は実の娘のように接してくれ、地域の人たちは家族のように互いの家を行き来していた。「ここが自分の居場所」。そんな思いが、胸に宿っていった。

三年後に農水省を辞め、町職員になった。同僚の兼業農家と結婚。農村社会で子育てをするなか、困ったときには住民が当たり前に支え合うコミュニティーの安心感が身に染みた。

一方、国策による地域社会の大きな変化も目の当たりにした。政府が推進した平成の大合併である。

東和町は二〇〇六年に一市二町と合併。町役場が支所に再編され、住民に寄りそった対応ができきなくなった。地域住民の足は役所から遠のき、住民と一体になったまちづくりは後退していった。

小泉純一郎政権は、地方への財政支出削減というムチと、合併自治体が使える有利な特例債というアメを使い分け、合併を推し進めた。一九九九年に三千二百三十二あった市町村は、二〇一〇年には千七百二十七まで減少。秋田県内でも六十九市町村が二十五に再編された。

だが、多くの自治体は合併後、財源不足から職員の削減や事業の縮小を余儀なくされた。新たな自治体の中心部が発展する一方、周辺部は衰退がさらに進むという事態も生じた。

こうした経験から、自治体関係者の間では連携中枢都市圏構想を不安視する声があった。総務省もそうした見方を意識し、「市町村合併を推進するためのものではない」と説明した。

ただ、連携中枢都市圏への財政措置は実際、中心市に偏ったものとなった。例えば、圏域人口が七十五万人となるケースでは、中心市に経済成長のけん引や都市機能の集積・強化に充てる費用として年間で約二億円、生活関連サービス向上のため一億二千万円程度が交付される一方、周辺市町村への交付税措置は上限でも千八百万円にとどまる計算だった。

自治体の行政サービスに関す

連携中枢都市圏とは

目的	コンパクト化とネットワーク化により、一定の圏域人口を有し、活力ある社会経済を維持するための拠点を形成する
対象	地方圏で人口20万人を超えるなどの要件を満たす中心都市と社会的、経済的に一体性を有する近隣市町村
主な財政措置	中心都市：経済成長のけん引と都市機能の集積・強化について、圏域人口に応じた交付税措置（圏域人口75万人で約2億円）など 連携市町村：1800万円を上限に交付税措置
開始時期	2015年

る政府の研究会で座長を務め、連携中枢都市圏制度の原型の立案に携わった一橋大教授の辻琢也（六一）は、『中央公論』二〇一四年七月号に寄せた論考で取り組みの意義をこう強調していた。

均衡ある国土の発展を目指してきたこの国が、初めて拡散・拡大路線を本格的に見直し、縮小・撤退時代を見据えた方向転換を図ったという意味で、注目すべきである。

その後の成果を、辻はどう見ているのか。

「結果から言うと、あまり効果はなかった」。取材に対し辻は率直に振り返り、言った。「市町村合併と比べ、連携中枢都市圏は自治体にとって痛みも効果も少なかった。でも『やってる感』は出すことができただろう」

連携中枢都市圏の中心市の要件を満たすのは秋田市を含め全国で六十一市だったが、二〇二三年度までに形成された連携中枢都市圏は三十八圏域にとどまる。役重が先行研究を調べた限り、人口流出の抑止に顕著な効果があったという実証は見られないという。

秋田市は制度を利用しなかった。当時副市長だった秋田公立美術大副理事長、石井周悦（六八）は「首長や議会の意識共有も含め、さまざまな調整とエネルギーを要する。それに見合うメリットがあるようには感じなかった」と回顧する。

この制度が掲げた人口流出の抑制という効果にも、石井は懐疑的な目を向ける。「東京一極集中の問題に本気で切りこまない限り、小手先の地域政策をやっても効果は限定的だ」

役重は花巻市職員を退職後、二〇一六年に地域政策の研究者に転じた。市町村合併から連携中枢都市圏に至るまで、選択と集中の論理に基づく政策には共通する問題点があると見る。「地方自治を担う住民の誇りや信頼関係、コミュニティーの力を過小評価している」

その背景の一端には、東京一極集中が長年続くなか、東京圏で生まれ育ち、地方と縁のない官僚が増えたこともあると感じている。

「一昔前の貧しかった時代や、津々浦々の暮らしぶりを肌感覚で知っている官僚が少なくなった。地方の実態を知らない政府が政策を決め、地方がそれに合わせることを続けていけば、この国は大変なことになるのではないか」

省庁移転、無理筋の手挙げ方式

二〇一四年九月十六日、地方創生担当大臣の石破茂（六七）は、定例会見でこう述べた。

「国として民間企業に地方移転をお願いするのであれば、『隗《かい》より始めよ』ということで、国の機関も移転すべきではないか」

東京一極集中の是正に向けて政府は翌年、企業の地方移転を促す制度を創設する。これに先立つ石破の発言は、政府が省庁の地方移転を進めることで範を示すという気構えを表したものだ。

しかし、結論からいうと、政府機関の地方移転は芳しい進展をみせなかった。その大きな要因は、政府がとった手法にある。

政府は、二〇一四年末にまとめた「地方創生」の総合戦略に、こう記した。

政府関係機関について、地方からの提案を受ける形で移転を進めることが、地方への新しいひとの流れをつくることに資する。

地方側からの提案を前提に移転を進めていくという基本的な道筋が、ここで示された。翌年三月には、東京圏以外の道府県や広域連合を対象に、誘致を希望する機関の募集をスタート。約五カ月の期間中に四十二道府県から計六十九機関の誘致の提案があった。内訳は中央省庁七、国の研究所・研修所二十、独立行政法人四十二。ただ、翌二〇一六年三月には「地方に移転すれば全国的な視点での政策立案が難しくなる」として、提案のあった観光庁、中小企業庁、気象庁、特許庁を移転対象から除外した。

二〇一五年三月に道府県に示した募集要項には、地方側が説明すべきこととして次の記載がある。

「当該機関が道府県に移転することにより、国の機関としての機能が確保でき、運用いかんによってはむしろ向上することが期待できること」

既に紹介したように、石破はこの年八月に秋田県議会の議員らに対し「政府機関が東京から秋田に移転したらこれだけいいことがある。そういう立証をやってほしい」と求めているが、この発言はこうした文脈に沿うものだ。

しかし、省庁の業務について深い知見もない地方側に移転の効果を立証させるという手法に対しては、閣内や与党からも疑問視する声が上がった。

総務大臣の高市早苗（六三）は二〇一七年四月十日の衆院決算行政監視委員会第二分科会でこう述べた。「先に全国から手を挙げてもらい、できる、できないの判断をその後にするという手順に課題があったんじゃないか」

自民党議員からも次のような声が上がった。「省庁移転で役所から突きつけられた条件は『なぜそこなのか』『移転しても同等以上の機能が発揮できるのか』だった。こんな都市が日本のどこにあるか。最初から中央省庁のお役人さんはやる気がない」〈二〇二〇年十一月五日の参院予算委員会で参院議員二之湯智（七九）〉

そうしたなかで実現した数少ない事例が、文化庁の京都府への移転と、消費者庁の研究機関「消費者行政新未来創造オフィス」の徳島県への開設だった。

文化庁の移転では、所管する文部科学大臣の馳浩（六一）が会見などで前向きな発言を

政府機関の地方移転をめぐる主な動き

2014年12月	▶政府機関の地方移転の方針を盛り込んだ「地方創生」の総合戦略を閣議決定
2015年 3月	▶政府機関誘致に関する道府県からの提案募集開始
8月	▶提案募集締め切り。42道府県から69機関の誘致提案が集まる
2015年12月	▶政府が地方移転の候補となる34の中央省庁や独立行政法人の研究機関を決定。組織全体を移さない「一部移転」が大半となる
2016年 3月	▶中央省庁について提案のあった観光庁、中小企業庁、気象庁、特許庁を移転対象から除外。文化庁は京都に移す方針を示す
2017年 7月	▶消費者庁が研究機関「消費者行政新未来創造オフィス」を徳島県に開設
2023年 3月	▶文化庁が京都での業務を開始

し、終始議論をリードした。ある現役官僚は「最終的には京都選出議員のお力もあって、移転が実現した」と話し、一定の政治力が働いたことを証言する。

研究機関の開設を進めた消費者庁は、誘致募集当時の消費者担当大臣、山口俊一（七四）が開設先である徳島県選出の衆院議員だった。山口は、自民党プロジェクトチームの座長として政府機関の地方分散を訴えてきたことでも知られる。

こうした事実は、政治的に特殊な背景があってようやく実現するのが、政府機関の地方移転という施策だったことを示す。

秋田県知事の佐竹敬久（七六）は省庁移転が進まなかった状況について「文部科学省や農林水産省を移すといった話は、最初から門前払いのような感じだった」と振り返る。

二〇一六年三月の国会審議。野党議員が「中央省庁の移転が難しいのは当たり前。当たり前の話を俎上《そじょう》にのせたわけだから、一定の蛮勇が必要だ」「地方移転によって国の機関としての機能向上が期待できるかを考えれば、一個も移転すべきじゃないという結論になる」と指摘した。

地方創生担当大臣の石破は、こう返した。

「民間企業と違い、公平性と正確性が要求される国の行政なので、蛮勇を振るうことはできなかった」

わずか一年半前に「まず隗より始めよ」と語った威勢のよさは、そこになかった。

「官製移転」に企業そっぽ

「最大五千八百万円減税！」

政府の「地方創生」サイトにこんな記載がある。オレンジ地に黄色い文字で目立たせているのは、企業の地方移転を促す「地方拠点強化税制」の紹介だ。

二〇一五年度に創設したこの制度は、東京二十三区から本社機能を移した企業に対し、法人税を減免する。首相の安倍晋三は二〇一五年二月の施政方針演説でこう強調した。

地方にチャンスを見いだす企業を応援する。本社などの拠点を地方に移し、投資や雇用を拡大する企業を税制により支援していく。地方こそ成長の主役です。

ただ、これにより企業の地方移転が進んだとは言いがたい。

帝国データバンクの調査によると、「地方創生」が始まり五年たった二〇一九年に東京圏へ転入した企業は三百十二社。転出企業は二百四十六社で、差し引きすると六十六社の転入超過だった。

転入超過は九年連続。コロナ禍の二〇二一年以降は転出が上回っているが、二〇二三年からは転入が盛り返しており、二〇二四年は転入超過に戻る可能性があるという。

経団連が二〇二〇年に実施した「東京圏からの人の流れの創出に関する緊急アンケート」によ

ると、本社機能の移転について「検討の予定はない」としたのは回答した百二十八社のうち、七十七・四%に上った。理由は「現時点の拠点で機能・利便性に支障がない」が大半だが、「取引先・官公庁など関係者が東京に集中している」も二番目に多かった。二〇一五年に行った同様の調査と傾向は変わっていない。

帝国データバンクで調査を担当した飯島大介（三二）は言う。「企業が移転を考える際に重視するのは、現地に商機があるかと労働力をいかに確保できるか。税制優遇も魅力がないわけではないが、企業を振り向かせる力は乏しい。『官製移転』は一極集中の傾向を変えるのにはつながっていない」

海外に目を転じると、日本とは違った光景もある。

英国では政府がリーダーシップを発揮し公的な機関の地方移転を進めている。近年最も象徴的だった事例は公共放送「BBC」の移転だ。

ロンドンを拠点とするBBCは二〇一一年、約二百七十キロ離れたイングランド北西部サルフォードに主要な制作部門を移転した。日本でいえば東京から新潟市に移ったようなイ

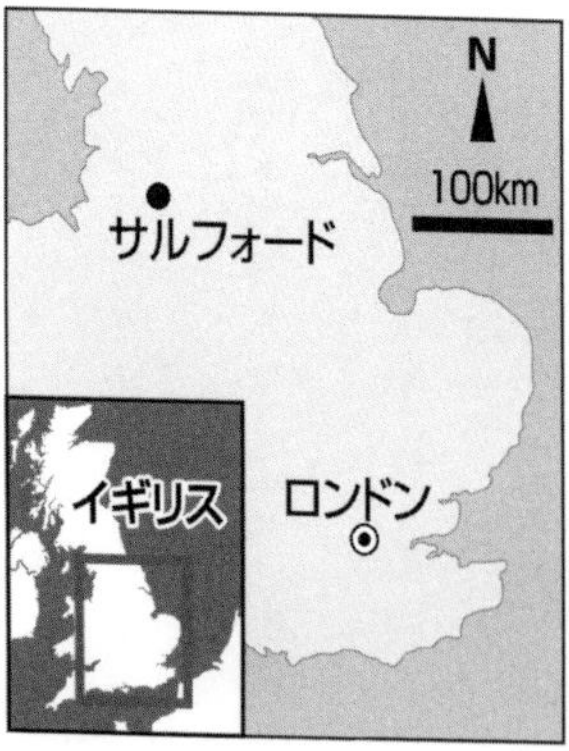

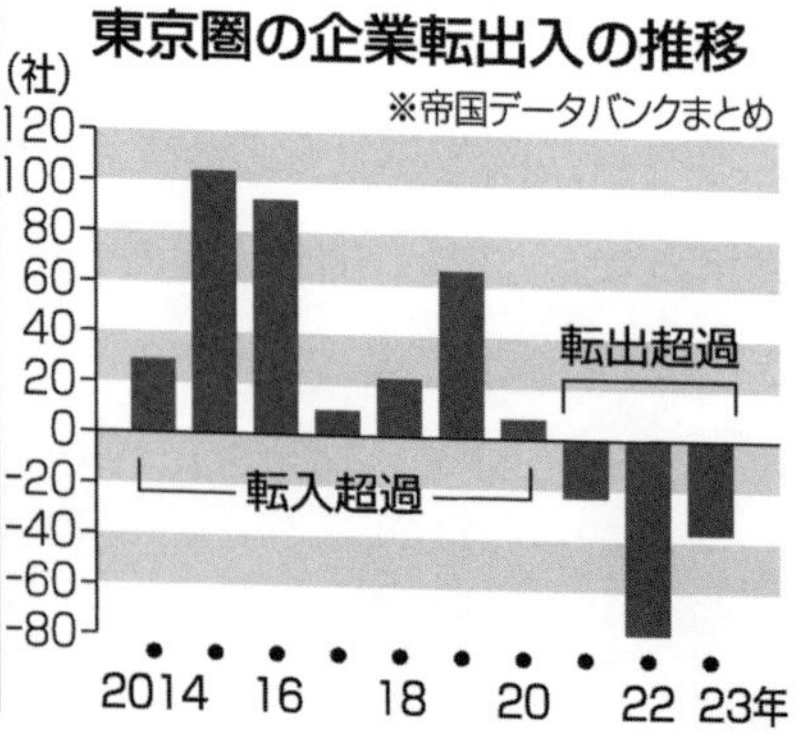

BBCの機能移転について解説する鍋島
（2024年3月8日、オンライン取材）

メージだ。

「英国政府は戦後、公的機関や企業のロンドン集中を是正しようとし、経済の衰退が著しい地域への移転を促してきた歴史がある」。英国在住で、都市計画や地域活性化に関するコンサルタント業「グローバルリサーチ」を営む鍋島紀美代（六三）は、そう解説する。

最新設備を備えた新たな拠点を安価に整備できるメリットもあり、ＢＢＣはその後も地方拠点の強化を継続。今年からは、看板ニュース番組「ニュース・アット・ワン」をサルフォードから放送する。「日本でいえば、ＮＨＫの全国ニュースを地方のスタジオから放送するような感じですよね」

ＢＢＣは二〇二二年、地方への機能移転をさらに進める改革案「英国全土のＢＢＣ」を決定した。

過半数の番組をロンドン以外で作ることや、サルフォードをデジタルとテクノロジーの事業開発拠点とすることなどを打ち出した。英国各地に密着した報道を展開することで住民の信頼を獲得するとともに、地方での投資と雇用の拡大に貢献するとうたっている。

ＢＢＣは改革案で、ＳＮＳ（交流サイト）がニュース消費のあり方を変え、誤情報やニセ情報、プロパガンダが民主主義を揺るがすなか、公共放送の責務である「不偏不党」の再定義が必要だとする。改革案には次のような一文がある。「自分たちの意見や懸念が聞き入れられてこなかったと感じる地方やコミュニティーの声を反映していかなければならない」

鍋島は「公共的な使命を自覚し、ロンドンではなく英国全体のためのメディアでありたいという考えを持っている」とＢＢＣの狙いを読み解く。

ＢＢＣが拠点を移したサルフォードは、かつて盛んだった工業や船舶業が停滞し、失業や貧困が問題化する地域だった。ＢＢＣの移転により再開発が徐々に進み、地域の雰囲気が変わり始めているという。

日本の「地方創生」にも注目してきた鍋島は言う。

「日本は政府や産業、文化、大学、メディアが東京に集中しすぎている。政府のリーダーシップと国民の意識の変化がなければ、その構造は変わらないでしょうね」

速く、高く、強くの果てに

日本で最初の五輪が開かれた一九六四年、後に都市政策の研究者となる市川宏雄（七六、明治大学名誉教授）は、都内の高校二年生だった。首都高速道路や東海道新幹線が整備され、変貌していく首都。「東京がガラガラ変わる変化を目の当たりにした。それが私の出発点」

この二年前に政府が定めた全国総合開発計画（全総）の理念「地域間の均衡ある発展」にも深く共感していた。「みんながんばって、日本全体が豊かになるのはすばらしいことだ。そう考えていた」

時は下って二〇一五年。市川は著書『東京一極集中が日本を救う』（ディスカヴァー携書）を刊行する。

東京一極集中こそが日本経済の成長を支え、そこから生まれる税収が地方を下支えしていると説き、「誰も言わない『正論』」とつづった。「均衡ある発展という理想はいいが、実際はそうならない。歴史の必然だ」

市川の国土観が大きく変わるきっかけは、一九九〇年代初めのバブル崩壊にあった。「日本が危機に陥るなか、政府は大胆な規制緩和を行い、東京の大規模都市開発を進めた。それで東京はよみがえり、日本経済がなんとか持ち直した」

「東京が衰退すれば地方も衰退する」と説く市川
（2024年3月9日、オンライン取材）

東京が稼ぎだす利益により、地方は維持されている。それが市川の主張の根幹だ。「政府は一極集中是正なんてありえないことを言うが、本当に是正したら国も地方もつぶれる」。そして、このような考えは政府も共有するものだと市川は考えている。

事実、「地方創生」を打ち出す一方で政府は、規制緩和により都心の開発を強力に後押ししてきた。

「世界で一番企業が活躍しやすい国を目指す」。そう宣言し、地方の懸念を振り払って環太平洋連携協定（TPP）を締結。「地方創生」の開始と同時期にまとめた「国土のグランドデザイン二〇五〇」は、東京を軸に世界を先導する経済拠点を生みだす

「地方を再生するには東京の開発を抑制するしかない」と説く吉見（2024年3月8日、オンライン取材）

とうたった。

そしてきょうこの瞬間も、東京は成長を続ける。人口減少が経済の低成長を招き、地方の衰退につながっていく。こうした負の循環を抱えながらも止まらない東京成長主義。それは、二度の東京五輪のスローガン「より速く、より高く、より強く」と重なる――。社会学者で国学院大教授の吉見俊哉（六六）はそう指摘する。

東京生まれの吉見もまた、五輪を機に街並みが変貌するなかで幼少期を過ごした。路地や原っぱといったかつての原風景を喪失した住宅街で育った記憶が、大学生のころには東京の急激な変化への疑問として膨らみ、都市化のメカニズムを研究する道に向かっていった。

吉見は、東京一極集中の根源を日本の近現代百五十年史のなかに見てとる。明治以降、日本が欧米列強の背中を追い富国強兵を目指すなかで、帝都を中心とする鉄路と道路網が整備されていった。日本海側を主とする海上交通が各地に多様な文化を育んだ時代は過ぎ去り、あらゆる資源、労働力、文化を東京に吸い寄せる中央集権構造が築かれた。

敗戦をへた高度経済成長下、その流れは加速していく。経済的な豊かさを求め、政府も企業も右肩上がりの発展を追求。経済的な合理性や効率が重要視され、ヒト、モノ、カネの一極集中がさらに進んだ。「経済成長という目標に向かい必死で働き続け、人に先んじようと競争する。そうした社会のありようが東京をますます強くし、地方はその分だけ疲弊していった」

しかし、経済的な豊かさを手に入れてもなお、そのベクトルは変わらなかった。日本は違う国のかたちを選びとれなかったのか。「一九七〇年代にはその可能性があった」

一九七九年に首相に就いた大平正芳は「田園都市構想」を掲げ、都市と地方、農山漁村それぞれの自主性と個性を生かし、均衡ある多彩な国土を形成すると宣言した。

「だが、一九八〇年代半ばに日本は道を間違えた」。規制緩和による都市の開発や企業活動の活性化を追い求めた中曽根康弘政権。英首相サッチャー、米大統領レーガンにならった新自由主義路線は、その後のバブル崩壊を機に一段と加速した。

「近代化と経済成長を成し遂げた後に、真の意味で豊かな社会をどうつくっていくのか。そのビジョンがこの国にはなかった」

いま、本格的な人口減少時代を迎えてもなお、東京は開発を止めず、若者を吸い集める。「東京一極集中の是正」など忘れ去ったかのように。

吉見は「より速く、より高く、より強く」という成長主義から「より愉《たの》しく、よりしなやかに、より末永く」という成熟社会への転換を提唱する。持続可能な社会をつくっていくうえで「東京は日本にとって最大のリスクになっている」と警鐘を鳴らす。

「東京だけが栄え続け『国破れて東京あり』という状況になれば、東京も結局は自滅する。日本全体が右肩下がりの時代に東京だけが拡大していく問題性をきちんと考えない限り、『地方創生』は不可能だ」

第五部　本気だったのか

看板かけ替え、場当たり的に

「地方創生」が始まり一年たった二〇一五年十月。自民党総裁選を無投票で制し、改造内閣を発足した首相の安倍晋三は、記者会見でこう宣言した。

「最大の課題は、一億総活躍社会の実現だ。GDP六百兆円、合計特殊出生率一・八、介護離職ゼロは野心的な目標。内閣の総力を挙げて進める」

人口減少と少子化に歯止めをかけ、地方の活性化により経済成長を目指す。その方向性は「地方創生」と重なるものだが、キャッチフレーズは「一億総活躍」に取って代わっていた。

「あれ？『地方創生』はどうなっちゃったんだろうねって。要するに看板が変わったわけですよ」。当時、地方創生担当大臣だった石破茂（六七）は、そう振り返る。「一億総活躍」の登場を機に「地方創生」の熱気は急速に冷めていった——。石破はそう考えている。

その後も安倍政権は、新たな看板政策やキャッチフレーズを毎年掲げていった。二〇一六年に「働き方改革」。翌年は「人づくり革命」。さらに二〇一八年に「戦後外交の総決算」、二〇一九年には「全世代型社会保障」……。そのたびに従前の政策は後景に退いた。

政府のこうした姿勢に厳しい目を向けてきたのが、政治学者で東大先端科学技術研究センター教授の牧原出《いづる》（五六）だ。「地方創生」など多くの政策で有識者会議の委員を務めてきた牧原は言う。

「安倍政権は地道に施策を進めるのではなく、その時々で華々しく目を引く政策を打ち出す方向に流れがちだった」

「アベノミクス」や「地球儀を俯瞰《ふかん》する外交」に力を入れる一方、内政では場当たり的な対応が目立った。牧原は安倍政権の歩みをそうとらえる。「株価は上がり、安倍さんは頻繁に海外を回った。しかし、国内は地域や女性の課題も含めて、息が詰まるような停滞感が覆った」「いろいろなことに手をつけたわりには、安倍政権の政策の成果というのは、実はよくわからない」

「地方創生」について牧原は、政府が交付金を拡充し、自治体を支援する枠組みを整えたという点で一定の意義があったと認める。ただ、新しく生み出すという意味の「創生」は、あまりに大げさなうたい文句だったとも考える。

「地方の『創生』なんて簡単にできるわけがない。『一億総活躍』もあり得ない。あくまでも看板であり、官邸官僚たちによる大言壮語だった」

「1億総活躍ってなんだったのか、いまだにわからない」と話す石破（2023年6月、東京・永田町の衆院議員会館）

官邸官僚のなかでも安倍政権でとりわけ辣腕《らつわん》を振るったのが、経済産業省の出身者たちだ。

首席秘書官を務めた今井尚哉（六五）をはじめとする経産官僚が重用され、看板政策の立案と推進をリードした。安倍内閣が「経産省内閣」とも呼ばれたゆえんだ。

中央省庁のなかでも経産官僚は、新規性のある政策の考案に力を注ぐ傾向が強いとされる。経産省ＯＢで参院議員も務めた慶応大大学院特任教授の鈴木寛（六〇）は、古巣の習性を次のように解説する。

「他の省庁と違い、経産省には制度や法律に基づく固有の仕事が少ない。だから、経産官僚には自分たちの仕事を積極的につくっていく攻めの姿勢がある」「安倍政権の中枢に多くの経産官僚が登用されたことにより、彼らの仕事が経済産業分野から日本社会全体の課題に拡大されたということだ」

新たな看板政策を次々と打ち出した背景には、メディアの注目を集めることで国民の支持率を高める狙いもあったと見る。「その時々にメディアが食いつきそうな新しい政策を掲げ、賞味期限が切れたら次を出す。要するに新聞の見出しを立てる。安倍政権が長期政権になった背景には、そうしたメディア対策を徹底したことが大きい」

二〇二一年秋。首相に就いた岸田文雄（六六）は、一億総活躍と働き方改革を進める内閣官房の推進室を廃止した。安倍政権が掲げた合計特殊出生率一・八や介護離職ゼロ、GDP六百兆円といった目標は、いまに至るも達成されないままだ。

岸田が新たに打ち出したのは「デジタル田園都市国家構想」。デジタルの力で地方を活性化させるとうたい、「地方創生」という大看板も一応、捨ててはいない。だが、流れのなかに現れて

第2次安倍政権以降の看板政策

安倍政権	2012	アベノミクス
	2014	地方創生
		女性活躍推進
	2015	1億総活躍
	2016	働き方改革
	2017	人づくり革命
	2018	戦後外交の総決算
	2019	全世代型社会保障
菅政権	2020	デジタル庁創設
		携帯電話料金引き下げ
岸田政権	2021	デジタル田園都市国家構想
		新しい資本主義
	2023	異次元の少子化対策

は消えるはかない泡のようだった看板政策の数々を振り返れば、「地方創生」が命脈を保ち続ける保障など、ありはしない。

「『地方創生』という言葉が持つ訴求力が小さくなってきている」。秋田県町村会長を務める美郷町長の松田知己（六〇）は言う。

政府の看板政策が変わるごとに、自治体は行政計画の策定など新たな対応を迫られてきた。県職員、旧仙南村助役をへて三十六歳で仙南村長に当選して以来、四半世紀にわたり自治体行政を率いてきた松田は、「地方創生」にかける政府の意欲の低下を感じている。

「『地方創生』をやり通す意志があるのなら、キャッチフレーズで自治体を動かそうとするのではなく、本質的に変わらぬテーマとして掲げ続けてほしい」

政治家も官僚も地盤沈下

「人口減少や東京圏への一極集中などの大きな流れを変えることは容易ではないものの、地方創生担当大臣といたしましては、新しい発想も入れつつ、地方の取り組みを支援していくことが非常に重要だと考えております」

二〇二三年十二月二十六日、東京・霞が関。地方創生担当大臣、自見英子（四八）の記者会見で、取材班が「地方創生」の今後について見解を問うと、自見はこうした考えを述べた。

元郵政大臣を父に持つ自見は、当選二回の参院議員。この年九月の内閣改造で初入閣したばかりだった。会見では、手元の資料に目を落としながら、一言一言を慎重に発する姿が印象的だった。

政府が二〇一四年に「地方創生」を始めて以降、担当大臣は自見で九人目となる。

初代の石破茂（六七）は就任当時、衆院当選九回のベテラン。自民党幹事長や防衛大臣、農林水産大臣といった重要ポストを歴任し、首相候補の一人とも目される文字通りの大物大臣だった。

しかしその後は、知名度が必ずしも高いとは言えない人材の登用が目立つようになる。

「いまの地方創生大臣がだれか、国民は知らないでしょう」

初代の地方創生担当副大臣を務めた衆院議員の平将明（五七、東京四区）は二〇二三年八月、取材に対しこう語った。

（首相官邸サイトに基づく）

このときの大臣は、石破から数えて八人目の岡田直樹（六一、参院石川県選挙区）。これまで九人の大臣中、岡田を含む七人が初入閣だった。

他の担当との兼務も徐々に増えていき、岡田に至っては「沖縄北方」「規制改革」「クールジャパン戦略」「アイヌ施策」など、多種多様な七つの担当を兼務した。

二〇一四年九月の「地方創生」スタート時、政府の布陣は大臣に石破、副大臣に平、政務官に知名度抜群の小泉進次郎（四三、衆院神奈川十一区）、大臣補佐官には中小企業政策に精通する伊藤達也（六二、衆院東京二十二区）という顔ぶれだった。

「最強の陣容だったよね」。平によると当時は、石破を中心に進める「地方創生」政策に対し各省庁も協力的だったという。

初代の地方創生担当副大臣を務めた平（2023年8月、東京・永田町の衆院議員会館）

「ただ、その後、大臣は替わり、『一億総活躍』という新しい看板もできて、『地方創生』の注目度は落ちた。『地方創生』のモメンタム（勢い）は一年で失われた」

「石破さんの後の地方創生大臣って、たぶん国民は知らない。政権がどの政策に重きを置くかは、人事に表れるんですよ」

秋田県庁で地方版総合戦略の策定に従事した県職員ＯＢも言う。「『この人誰？』っていうような人が大臣に就いたこともあった。日本の将来がかかる大事なテーマなのに、機運がしぼんでしまった」

地方創生担当大臣は、内閣府の特命担当大臣という位置づけになっている。

元首相橋本龍太郎が行政改革の一環で進めた中央省庁再編で、二〇〇一年に内閣府は誕生。再編では一府十一省庁が一府十二省庁体制となり、総理府や経済企画庁、沖縄開発庁を統合し内閣府が創設された。

政治主導による国政運営を実現するため、内閣府は他省庁より一段高い立場から、国政上の重要な政策について企画立案・総合調整を担うとされている。

ただ、それはあくまでも建前上の話だ。

二〇一三年に参院が公表した調査レポートによると、内閣府の定員は二〇〇一年以降、二千二百人前後で推移。このうち約六割を他省庁からの出向者が占める。

二〇二四年一月に内閣人事局が公表した資料によれば、内閣府の管理職員（室長級、課長級）二百三十五人のうち、他省庁からの出向者は百六十八人に上る。管理職員に就いている出向者は、経済産業省では十四人、文部科学省で十五人、財務省では七人しかおらず、内閣府の特殊性が際立つ。

長年、永田町や霞が関の取材に当たってきた政治ジャーナリストの後藤謙次（七四）は、内閣府の特性をこう解説する。「職員は各省からの寄せ集め。職員は本国（出身省庁）の人事に組みこまれており、本国に反するようなことはしない」

二〇一八年に自民党の行政改革推進本部がまとめた「二〇三〇年を見据えた行政改革についての中間報告」は、内閣府が抱える問題点をこう指摘している。

▼橋本行革の目玉だった内閣府は、内閣の課題について総合調整する組織として創設されたが、時間の経過とともに、各省の事実上の下請けとして利害調整を担うようになってしまった
▼その背景には、業務の肥大化により官庁としての力が弱まったことや、各省から優秀な人材が派遣されるとは限らなくなったことなどが挙げられる

「地方創生」を進める政治家と官僚、その双方で進む地盤沈下。後藤は言う。「政権が『地方創生』に充てる陣容も貧弱になり、役人にしてみれば、『地方創生』に関わるのは貧乏くじだという認識になってしまった」

姿を消した二つの大目標

「地方創生」が始まって三年たった二〇一七年、政策の根幹に据えられてきた大目標が姿を消した。「二〇六〇年に人口一億人維持」がそれである。

二〇一四年六月公表の「骨太の方針」や、その年末に策定した「地方創生」の長期ビジョンと総合戦略に、政府はこの目標を明記。首相の安倍晋三も国会答弁や記者会見で「一億人維持を目指す」とくり返し言及した。

すべての道がそこに通じるはずの旗印はしかし、二〇一七年の骨太の方針で達成時期があいま

「形だけのスローガン」と指摘する山下（2024年4月、オンライン取材）

いにされ、翌年以降は消え去った。「地方創生」の問題点を指摘し続けてきた社会学者で東京都立大教授の山下祐介（五五）は、官邸への権力集中が進むなかで、政府が政策の結果を自己都合でうやむやにできる環境が生まれたと見る。

「地方創生」が始まって以降、地方から東京圏への人口流出はむしろ拡大した。出生数は二〇一六年に初めて百万人を割り、その後も少子化が加速している。

「『地方創生』は官邸主導で打ち出した政策。うまくいっていない責任を問われることを政治家も官僚も嫌がった結果、当初の目標を言わなくなったのだろう。結局、形だけのスローガンに過ぎなかったということではないか」

ひっそりと消えた目標は、これだけではない。

「一億人維持」を実現するための足がかりとして政府が掲げた目標に「希望出生率一・八の実現」がある。

若い世代の結婚・出産に関する希望がすべてかなった場合に達成が見込まれる出生率を「希望出生率」と定義。二〇一四年に策定した「地方創生」の長期ビジョンで、当面目指すべき方向として「希望出生率一・八」を打ち出し、翌二〇一五年の「一億総活躍」では、合計特殊出生率を一・八に引き上げるという目標を掲げた。

これはしかし、「異次元の少子化対策」を掲げる岸田文雄政権で姿を消す。

2015 年の総裁選で再選され、「50 年後も人口 1 億人を維持する」と語っていた安倍（2015 年 9 月、写真提供・共同通信社）

「見事なまでにしれっと消した。もう実態と違うと反論されるのが目に見えているからだ」。元京都府知事で全国知事会長も務めた山田啓二（七〇）はそう指摘する。

希望出生率を算出するために用いるさまざまな指標のうち、若い世代が理想とする子どもの数や、結婚を希望する人の割合はここ数年低下。現状における希望出生率を算出すれば一・六程度になるというのが複数の専門家の見解だ。

人口を維持していくために必要とされる合計特殊出生率の水準は二・〇七。現実には二〇二二年に過去最低の一・二六に落ちこみ、希望出生率という計算上の数値すら人口を安定させる水準には遠く及ばないのが、この国の少子化の現状だ。

山田は知事会長時代、少子化は国の存続を揺るがす「死に至る病」だとして、政府に対策強化を求めた。「自分自身、忸怩《じくじ》たる思いがある。いまや国民の希望をかなえるだけでは足りないくらい、少子化が進んでしまった」

こうした経過について、政府は国会で矛盾した答弁を行っている。

二〇二一年四月の衆院内閣委員会。「人口問題にかかる一億人という数字がよくわからないことになっている」と切り出した野党議員が、「一億人維持」は政府の政策目標ではないのか、と尋ねると、担当部署の官僚は「国民の認識の共有を目指して試算し長期的な見通しを提示しているもの。政策目標には当たらない」

「2060年1億人維持」と「希望出生率1.8」の目標をめぐる動き

2014年	▶政府が骨太の方針に2060年代に1億人程度を維持するとの目標を明記 ▶人口減に歯止めがかかれば2060年に1億人程度の人口が確保され、若い世代の結婚･子育ての希望が実現すれば、合計特殊出生率は1.8程度に向上すると「地方創生」の長期ビジョンに記載
2015年	▶「1億総活躍」の目標に希望出生率1.8の実現を掲げる
2017年	▶骨太の方針で1億人維持が将来の目標となり、時期があいまいに
2018年	▶骨太の方針から1億人維持が消える
2023年	▶「異次元の少子化対策」に向けた「こども未来戦略」に希望出生率が明記されず

と答弁。一方、「希望出生率一・八」については、地方創生担当大臣の坂本哲志（七三、衆院熊本三区）が政策目標であると明言した。

だが、二年後の衆院予算委員会で見解は一変。希望出生率一・八について、こども政策担当大臣の小倉将信（四二、衆院東京二十三区）はこう述べた。「目標ではなく、あくまでも希望する人がすべて子どもを持てた場合の結果」

元総務大臣の増田寛也（七二）らによる「人口戦略会議」は二〇二四年一月、二一〇〇年の段階で目指すべき人口水準を八千万人とする「人口ビジョン二一〇〇」を公表した。

「地方創生」を始めた当時、政府は「二〇六〇年一億人」の延長線上に「二一〇〇年九千万人」という将来図を提示していた。増田らの提言は、その実現性を否定したものといえる。

都内で開いた記者発表の場で、増田は政府への批判を隠さなかった。

「政府は少子化対策に真正面から向き合わず、その結果、希望出生率一・八の実現につながらなかった。もう一回、きちんと効果検証を行わないといけない」

社会学者の山下は断じる。

「政策の失敗を反省、検証し、今後に生かす姿勢を政治も省庁も失っている」「大切なことは、政治が社会全体の目標を掲げ、国民と共有すること。この国は何を目指しているのかもわからず、さまよっている。こんな状態で、人口減と少子化の逼迫《ひっぱく》した事態を乗り越えていけるのか」

「二〇六〇年一億人」も「希望出生率一・八」も現在、政府の文書にその数字を見ることはない。しかし、政府が公式にその旗を降ろしたわけでもなく、あいまいな状態となっている。

有識者会議乱立、検証置き去り

「わくわく地方生活実現会議」「地域魅力創造有識者会議」「地方創生テレワーク推進に向けた検討会議」……。

政府は「地方創生」を進めるに当たって、さまざまな有識者会議を立ち上げた。「地方創生」の公式サイトを見ると、少なくとも二十九の会議体が確認できる。

有識者会議のなかには、政府への提言をまとめたものもある。「地方から東京に出て進学し、大企業等に就職することが成功だという人生モデルを是とするマインドセット（固定観念）が変わることが重要」「『地方にこそチャンスがある』と思えるような環境をつくることが喫緊の課題」。こうした意見が「ＵＩＪターンによる起業・就業の促進」「中枢中核都市への支援」といった施策の立案につながったと、政府はサイト内で説明している。

「有識者会議は『やってる感』を演出するためのしくみ」と指摘する田中（2024年4月、オンライン取材）

新たな政策を始める際に有識者らによる会議体をつくり、そこでの議論を反映させながら政策を進めていく。このような手法による政策運営は近年、政府が頻繁に用いるようになってきている。「第二次安倍政権以降、看板政策が打ち出されるたびに法律的根拠のない会議体が乱立してきたが、政策の効果はほとんど検証されないままになっている」。元財務官僚で明治大教授の田中秀明（六三）は、安倍官邸の政策形成過程を考察する二〇一九年の論文で、こう指摘した。

乱立の背景について、田中は次のように語る。「安倍官邸の中心を担ったのは経産官僚。キャッチーな言葉を打ち上げてその後は知らない、となるのが経産省のカルチャーで、有識者会議は安倍官邸が『やってる感』を演出するためのしくみとして用いられた」

重要政策の方向性は官邸がトップダウンで決め、有識者会議での議論は儀式的なものになっていた傾向があると、田中は見る。「地方自治体は本来、人口減の厳しい現実を直視し、公共サービスの集約など抜本的な対策をとる必要がある。しかし、『地方創生』の有識者会議は、そうした対応を自治体に求めただろうか。むしろ、出生率が改善するかのような楽観論をもたらしたのではないか」

「地方創生」に関連する有識者会議の議事録には、田中の指摘する傾向が読みとれる部分がある。政府関係機関の地方移転に関する会議がそれだ。

地方への人の流れをつくることを目的とした政府関係機関の移転は、対象となる省庁を地方の側が提案する手法がとられた。移転によるメリットを地方の側が示すという難題が壁となったこともあり、文化庁が京都に移った程度の成果に終わっている。

有識者会議の議事録によると、こうした手法に対し委員からは成否を疑問視する声が上がり、海外の事例を参考にすべきだという意見も出ていた。各省庁が東京から離れた際の国会対応のあり方を地方の側が考えるのは困難で、中央が工夫すべきだといった声もあった。

しかし、有識者会議の第一回会合が開かれたのは二〇一五年八月で、国が地方からの提案を募集し始めてからすでに五カ月が経過していた。会議での意見が施策の方向性を大きく変えることはなかった。

「この10年が失われたものだという認識はない」という松原（2024年4月、オンライン取材）

政府関係機関の移転に関する有識者会議や、政府の総合戦略に関する検証会に参加してきた福井県立大教授の松原宏（六七）は取材に対し、本連載のタイトルにある「失われた十年」について「われわれが関わってきたことが無駄だとは思わないし、この十年が失われたものだという認識はない」と話した。一方、各種施策に対する政府自身の検証は十分でなかったと感じているとも言う。

「地方創生」をめぐるさまざまな有識者会議については、具体的な法整備につながったケースもあれば、議論だけで終わったものもあると、松原は説明する。

自身が座長を務めた総合戦略に関する検証会は、政府が掲げた重要業績評価指標（ＫＰＩ）の達成状況を精査し、第二期戦略の策定につなげる場だったが、政府が示した資料は、ＫＰＩの達成状況に関するデータが十分にそろってはいなかったという。

会議の議事要旨によると、委員からは「評価のしようがない」「何らかの参考値を記載しておくべきではないか」といった声が上がった。

松原は、「増田レポート」の公表を機に「地方創生」が始まった当時の状況を「あまりにも検討の期間が短すぎて過去の政策の洗い出しや専門家を集めたかたちでの議論が十分ではなかった部分がある。政策の体系や運用を考えていくうえでより多くの知見を集めて進めていくべきだったと思う」と振り返る。そしてこう続けた。

「『地方創生』を一過性のブームに終わらせないためにはどうすればいいか。十年が経過し、施策の成果に関するさまざまなデータも整備されてきた。いまのタイミングでしっかり検証すべきだ」

「縦割り打破」、かけ声倒れ

政府が「地方創生」を始めた当初、首相や閣僚がたびたび口にした言葉がある。

「省庁の縦割りを排除し、ばらまき型の対応を絶対にしない」（二〇一四年九月、首相の安倍晋三）

「各省庁のいろいろな要求を全部束ねてホチキスで留めるようなことは、絶対にやらない」（同

月、地方創生担当大臣の石破茂）

二〇一四年にまとめた「地方創生」の総合戦略でも政府は、それまでの政治が地方の人口流出や少子化を食い止められなかった要因の一つに「府省庁・制度ごとの『縦割り』構造」を挙げている。

行政の宿痾《しゅくあ》ともいえる縦割りを取り除き、政府一丸となって「地方創生」を進めるという意思が、この時点では明確に語られていた。

現実はどうなったか。土地利用政策を例にとる。

秋田市外旭川地区・卸売市場周辺の農地。市は「地域未来投資促進法」の活用を模索したが、県の同意を得られず、2024 年 3 月の申請を断念した

政府は「地方創生」の総合戦略で、地方都市の活性化に向け、コンパクト化と交通ネットワーク形成の推進に取り組むとした。「コンパクトシティー」は、「都市の中心部に居住と各種機能を集約させた人口集積が高密度なまち」（国土交通省）を意味し、関連する実務は国交省が中心となって担っている。

一方、「地方創生」のスタートから三年後の二〇一七年にはある法律が施行された。土地利用の規制を緩め、地域に高い付加価値を生み出せる事業を支援する「地域未来投資促進法」。この法律に基づく各種事業を進めているのは経済産業省だ。

「地方創生」で掲げたコンパクトシティーの実現を目指す一方で、郊外での民間開発を促し、まちの拡大を許容する法律を新たにつくる。矛盾した取り組みのはざまでいま揺れ動いているのが、秋田市の外旭川まちづくりモデル地区事業だ。

秋田市は二〇〇〇年代初めからコンパクトシティー推進の立場でまちづくりを続けてきた。そんななかで二〇一二年、イオングループのデベロッパー事業者「イオンタウン」(千葉市)のショッピングセンター出店構想が表面化。秋田市長の穂積志(六七)は「コンパクトシティーと相いれない」として、市内への進出に否定的な考えを示した。

「土地利用政策はそもそもが縦割り」と指摘する瀬田(2024年4月、オンライン取材)

その後、姿勢は一貫していたが、四選のかかる市長選を二カ月後に控えた二〇二一年二月、「にぎわいをつくるのに必要であれば」と進出を容認する方向に転換。市は二〇二二年、外旭川まちづくり構想の事業パートナーにイオンタウンを選定した。

用地の大半が開発規制のかかる民有農地であることから、市は、地域未来投資促進法の活用を模索。法を適用して規制を緩和するには、県と市が共同計画を作成し国の同意を得る必要があるため、市が計画案を作成した。

しかし、県知事の佐竹敬久(七六)は、未来投資促進法の立法趣旨にそぐわないと疑義を呈した。市は当初見込んでいた二〇二四年三月の申請を断念。先行きの見通せない状況が続いている。

都市計画が専門である東大准教授の瀬田史彦(五一)は「日本の土地利用政策はそもそもが縦割りだ。都市の基盤を整備したり規制したりするにしても、個々の法律やその背後にある省庁ごとの施策に沿って進める必要がある。国は矛盾なくまちづくりができるように調整すべきだが、それができていない」と指摘する。「『地方創生』の枠組みのなかでそうした構造をガラガラポンして官邸が全部コントロールできたかといえば、そうではない。結局、縦割りの弊害は排除できていない」

取材班は、閣僚や副大臣などとして「地方創生」に関わった国会議員らへの取材を重ねてきた。いずれも縦割り打破の重要性を改めて指摘はするものの、実現できたと語る声は聞けていない。

経済産業省で副大臣の中谷真一に要望書を渡す佐竹（左から２人目）。陳情活動には金田（右端）らも同行した（2023 年５月）

陳情政治をくり返す間に

秋田県知事の佐竹敬久（七六）は二〇二三年五月、東京・霞が関にいた。二〇二四年度の政府予算に県の要望を盛りこんでもらうための陳情活動だ。

経済産業省では副大臣と面会。洋上風力発電の実証試験を秋田沖で実施するよう求めた。要望書を手渡す場面では、佐竹の横に地元の自民党国会議員が居並んだ。県の陳情では毎年恒例の光景だ。

政府への要望を実現するには各省庁の政務三役との直接折衝が必要だというのが、佐竹の持論。面会の機会を得るためのパイプ役として与党系議員を頼る姿勢を隠さない。

二〇二一年の衆院選で自民党の金田勝年（七四）が選挙区で敗れ比例で復活当選した際には、こう言ってはばからなかった。「金田先生が当選し、パイプが残ってよかった」

参院二回、衆院五回の当選を重ねた金田は、県内一の長老国会議員。陳情活動をするうえで金田を頼る自治体関係者は多く、過去の金田の選挙では、応援演説でこう述べる首長もいた。「学校の建て替えは金田さんの力なしでは実現しなかった。予算獲得は実力のある国会議員がいるかどうかにかかっている」

一方、「地方創生」に関わった自民党の政治家からは、こうした陳情政治への批判もある。元地方創生担当大臣の石破茂（六七）は取材に対しこう述べた。「東京に陳情に来て予算さえとればいいということでずっとやってきたから、全国に同じような町ができ、同じような村ができ、同じように衰退していった」

初代の地方創生担当副大臣を務めた平将明（五七）も、率直にこう語った。「『地方創生』は、中央から金を持ってくるタイプの政治家には無理」

「地方創生」への関わりについて、金田は取材に対して書面で次のように回答した。「地域が抱えるさまざまな課題に向き合うなか、県や各市町村の声も受け止めながら解決を図るべく、各省の大臣をはじめとする政策責任者らに直接訴え続けてきた」「県・市町村が自分たちだけでは前に進めることができない課題があるとき、国会議員がサポートすることはあってしかるべきではないか」

「陳情実現を柱とするこれまでの政策の進め方では、『地方創生』はうまくいかない」。政治学者で政策研究大学院大学教授の飯尾潤（六一）はこう指摘する。

自民党政治の一つの特徴として飯尾は、有権者と対話を重ねて解決策をともに考えていくのではなく、陳情を受けてその実現を重視する姿勢を挙げる。急速な人口減に初めて直面している日本社会においては、対策を自ら考える取り組みを支援していく必要があるというのが、飯尾の考えだ。

「元々の自民党政治の特徴でもあるが、安倍政権になってからは特に、『私がやります』『任せてください』と首相が訴え、トップダウンで政策を下ろす姿勢が強まった。政府が何かしらの政策を打てば、自動的に『地方創生』がかなうような考えに染まった国民も多いのではないか」

陳情実現を柱とする従来型の政策の進め方では「地方創生」はうまくいかないと指摘する飯尾（2024 年 4 月、オンライン取材）

野党議員の立場から「地方創生」の問題点を指摘し続けたのが、元秋田県知事で二〇一〇～二〇一六年に参院議員を務めた寺田典城（八三）だ。

寺田は国会審議の場で、「地方創生」による財政支援のあり方などを批判。政令市や中核市が日本海側に少なく、太平洋側との格差が生じていると指摘し、「全国同じ条件でやってきたからこうなった。日本海側の法人税を安くするなど、制度を変えていかなければ『地方創生』は無理」（二〇一六年三月の参院地方・消費者問題特別委員会）などと主張した。

予算要望のための陳情について、寺田はこう語る。「国会議員が同行すれば予算がつくというのはどういう理屈なのか。自民党の人は中央とのパイプが大事と言うが、『お金を恵んでください』と言っているようなもの。中央集権を強めることにつながるのではないか」

「地方創生」の視点に立ったとき、国会議員に求められる役割は何か。飯尾は言う。

「有権者との議論を深めなければだめだ。戦後ずっと同じようなことを続ける間に、ここまで人口減が進んでいる。いままでとは違うことをしていかなければならない」

「『地方創生』の実現は、答えのない問題だ。答えのない問題を解くためには、議論をして多くの知恵を集める必要がある。それを嫌がっていては、事態は改善しない」

巧妙な集権、自治を崩す

「地方創生」が始まってからの十年について、地方自治に詳しい有識者が口々に語る見方がある。「地方こそが主役」という政府のかけ声とは裏腹に、中央集権的な色合いが年を追うごとにむしろ強まっているとの指摘だ。

「国が意向を上から押しつけるような古典的な集権ではない、より巧妙な集権のしくみが『地方創生』には埋めこまれている」。自治体学会の副理事長を務め、各地の自治体関係者と交流のある九州大教授の嶋田暁文（五〇）は、「地方創生」の総合戦略づくりと交付金の獲得競争にかり出される自治体の姿を目の当たりにし、そう感じてきた。

政府は自らが掲げる人口目標を踏まえ、自治体に総合戦略を策定するよう求めた。あくまでも努力義務ではあったが、交付金を受け取るための必須要件とされたことで、ほぼすべての自治体が作成した。これが「地方創生」を動かす基本原理となった。

戦略を規定する大枠を政府が決め、交付金採択で自治体の施策を判定する。しかし表向きは、自治体が自主的に施策に乗り出しているかたちをとる。これにより、成果が出なかった際の責任は自治体に帰することになる――。これが、嶋田の言う「巧妙な集権のしくみ」だ。

こうした構図がありながら、自治体はなぜ戦略の策定に向かったのか。その背景には、慢性的な財源不足に加え、政府に協力しなければ何らかの不利益を被るのではないかという不安があったと嶋田は見る。

より巧妙な集権のしくみが埋めこまれていると指摘する嶋田（2024 年 4 月、オンライン取材）

二〇〇〇年施行の地方分権一括法で、地方と国はそれまでの上下関係を改め、「対等・協力」の関係になるはずだった。その変化は、地方を中央政府の下請け機関に位置づける旧体制との決別を意味するはずでもあった。

だが、その後に小泉純一郎政権が進めた三位一体改革で、自治体は財源を大幅に減らされ、職員の大規模削減を余儀なくされた。財政不安をさらにあおるかたちで進められた市町村合併が、自治体の疲弊に拍車をかけた。

こうしたなかで自治体は自ら考える力を失い、地に足の着いた取り組みができなくなっていった。嶋田は、地方分権と地方自治

唯々諾々と政府に従う自治体の姿勢に懸念を深める岡田（右）と、「内政諮問会議」とでも呼ぶべき組織の創設を説く牧原（ともに2024年4月、オンライン取材）

が後退した要因をそうとらえている。

地方分権改革と「地方創生」をへても変わらない、地方と国のいびつな関係。それが如実に表れたのがコロナ禍だった。

国内での感染拡大に不安が広がるなか、首相の安倍晋三は二〇二〇年二月、全国一斉の休校を自治体に要請した。だが、公立学校の休校を決める権限を持つのは、設置者である都道府県や市区町村。要請は法的根拠を欠くものだった。ワクチン接種やPCR検査をめぐっても、政府は方針を二転三転させながら自治体に通知文書を乱発した。

地域経済学者として政府と地方自治体の関わりを見つめてきた京都橘大教授の岡田知弘（六九）は、一連のコロナ対応について「自治体を混乱させ、政府の無能状態が明確になった」と批判する。

医療機関での集団感染をPCR検査の範囲拡大で封じこめた和歌山県の事例が示すように、コロナ禍は自治体の役割の重要性を示す機会になり得た。しかし多くの自治体は、法的根拠のない休校要請に応じたように唯々諾々と政府に従った。そうした自治体の姿勢に、岡田は懸念を深める。「『地方創生』でも、自治体は交付金などの財政誘導でがんじがらめにされた。政府がつける『通信簿』が良くなるように動く自治体が多くなってしまった」

自治体への隠然たる影響力を持つ政府。その統治機構を見渡したとき、「地方創生」を含む内政分野に深刻な課題があると指摘するのは、政治学者で東大先端科学技術研究センター教授の牧原出（五六）だ。「コロナ対応の混迷は、これまで内政を軽視してきたつけだった」

経済ならば「経済財政諮問会議」、外交には「国家安全保障会議」という、政府の大方針を議論する組織がある。しかし、社会保障や公共事業、教育といった幅広い分野にわたる「内政」にそうした存在はない。

「内政全体を俯瞰《ふかん》し、地域をどうするか集約的に考える司令塔がない。だから、内政問題の焦点がどこにあるのかわからないまま、国も右往左往している」

牧原は、「内政諮問会議」とでも呼ぶべき組織の創設を説く。関係大臣や有識者が意見を交わし、分野を超えて内政の重要課題を検討し、政策の方向性を考えていく場だ。

「『地方創生』は、内政全体をまとめていく核になり得る政策だった。そのポテンシャルはいまも残っていると思う」

第六部　まだないしごとを興す

「にぎやかな過疎」で何が

二〇二四年五月二日、ＪＲ東京駅に近い商業施設。岡山県西粟倉《にしあわくら》村のベンチャー企業十六社が求人イベントを開いた。

「村はここ二十年ほど、よそ者、若者、ばか者によって変化した。きっとこれからも変わり続ける。みなさんにも村の実験に参加してほしい」。二十～三十代の参加者約百人を前に、村長の青木秀樹（六九）はそう呼びかけた。

十三年前に東京から村へ本社を移したデザイン会社「ノッツォ」代表の鈴木宏平（四〇）は、移転後に売り上げが十倍になったと説明し、言った。「大都市でなければ仕事は成立しない、そんな固定観念を変えたい。世界一かっこいい田舎のデザイン会社を目指している」

五月八日、千メートル級の山々に囲まれた徳島県神《かみ》山《やま》町。私立神山まるごと高等専門学校で二年生がプログラミングの授業に臨んでいた。

西粟倉村のベンチャー企業 16 社が都内で開いた求人イベント。村内の事業者（左から２人目）の説明に参加者が熱心に聞き入っていた（2024 年５月２日、東京都中央区のポットラックヤエス）

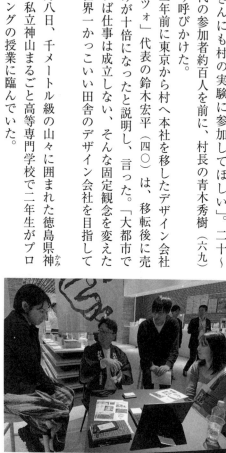

二〇二三年春に開校した、国内では十九年ぶりとなる新規の高専。川を見下ろす棚田の跡につくられた校舎で、ＩＴやデザインの力と起業家精神を身につけ社会に変化を生み出す人材を育成するという方針の下、独自色の強い教育を行っている。

高知県から入学した二年生の名和真結美（一七）は言った。「以前は経営コンサルタントになるのが夢だった。でもいまは、自分がプレーヤーとしてアクションを起こさないと世界は変わらないって気づいた」

同じ日、島根県東部の雲南市《うんなん》。中心部の通りでは、コワーキングスペースに若者が集う姿が目につく。

人口約三万四千人、高齢化率四割を超える雲南市だが、若い世代による起業がここ十年ほどで六十件に迫る。高齢化や人口減少に伴う諸問題の解決を目指し、市は起業支援や人材育成に力を入れてきた。

市幹部として政策立案に携わり、現在は市内で起業家や若者からの相談に応じている佐藤満（六四）は言う。「既存の企業や社会のしくみが人々の暮らしに将来も適応できるとは限らない。住民生活の課題を解決し、持続可能な地域をつくっていくには起業が重要な役割を果たすと考え、積極的に後押ししてきた」

神山町、西粟倉村、雲南市。いずれも、人口減少にあえぎながらも独自の地域づくりで活気を生み、「にぎやかな過疎」として全国から注目されているまちである。

これまでの取材では次のような言葉に幾度も行き当たった。

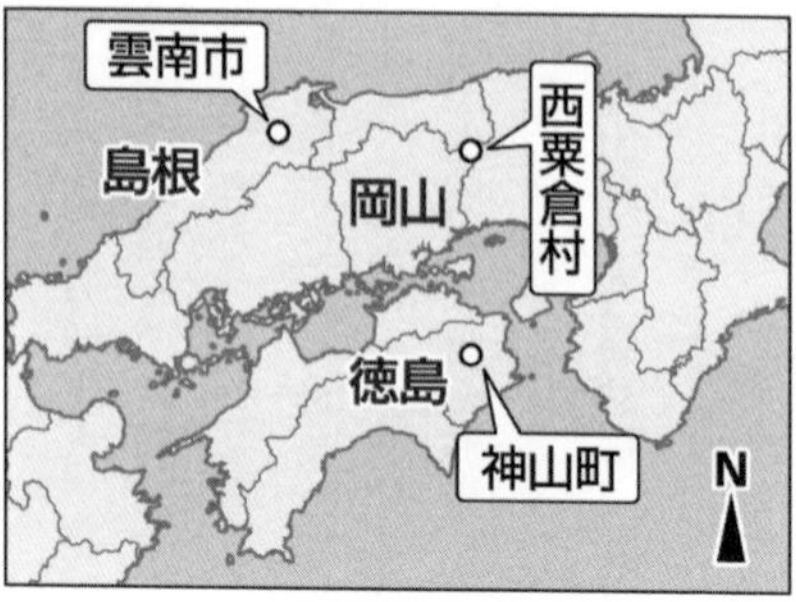

「良質な雇用の創出に力を入れるよう総理から話があった」（元地方創生担当大臣補佐官）

「若い女性は就きたい仕事、やりがいのある仕事を求めて地方から東京に流出している」（人口動態の専門家）

「地方では雇用の質が高まっていない。大卒者などに対応した雇用が生まれていない」（人口問題に詳しい研究員）

「地方創生」に関する政府の有識者会議が二〇一七年にまとめた報告書にも、次のような文言がある。「地方における魅力ある雇用の創出や若者の就業促進は地方創生において極めて重要」

しかし、こうした指摘がいくらなされても、「良質な雇用」や「やりがいのある仕事」「魅力ある雇用」の具体像は焦点を結ばない。

人が生きていくうえで「仕事」が重要な役割を果たすことは言うまでもない。「仕事」を求めて若者が都会へ向かう流れが止まらない現状では、地方においてその重要性はさらに増しているというべきだろう。

では、求められる「仕事」、望ましい「仕事」とはどういうものなのか。

答えを急ぐ前に、「にぎやかな過疎」で何が起きているのかを見ていきたい。

「『地方創生』の聖地」。険しい山々に囲まれた人口五千人弱の徳島県神山町はときにそんな異名で呼ばれ、全国からの視察が引きも切らない。

きっかけは二〇一〇年、東京のＩＴ企業が町内の古民家を借り受けサテライトオフィスを設けたことにあった。

名刺管理サービスを提供する「Ｓａｎｓａｎ（サンサン）」。社長の寺田親弘（四七）は町と縁もゆかりもなかったが、町内で長年、地域づくりの中心を担ってきた大南信也（七一）との出会いが転機となった。

大南は地元で建設会社を経営するかたわら、地域づくりのＮＰＯ法人「グリーンバレー」の理事長を長く務め、バラエティーあふれる活動を展開。国内外の芸術家を町に呼びこむ「アーティスト・イン・レジデンス」や、手に職を持った移住希望者に声をかけて町に呼び寄せる活動などを重ねていた。

二〇一〇年、知人を介して二人は知り合う。寺田は起業前の商社時代、カリフォルニアに駐在していた。大南は東京の大学を出て一九七七～一九七九年にスタンフォード大大学院に留学した経験があった。ＩＴ産業の盛んな米西海岸に滞在した共通項が、二人の仲を急速に深めさせた。

「若い僕にとって、カリフォルニアは何の制約もない自由な場所だった。一方、地元・神山は田舎特有の『枠』みたいなものがあって、窮屈に感じていた」。大南はそう振り返って、言う。

「でも、帰郷してからはこうも思ったんよ。シリコンバレーも神山も、どっちにもいいところはあるなと。神山の『包まれている感じ』がありながら、カリフォルニアのような自由さもある、そんなわくわくする地域をつくれないかなと」

その思いを、自ら立ち上げたＮＰＯの名称「グリーンバレー」に込めた。シリコンはなくても、緑ならたくさんある。足元の資源を生かしておもしろい地域をつくってやろう。そんな発想だった。

サンサンが来て以降、町は目に見えて変わっていった。

東京などの企業がオフィスを開設したり、移住者が新たなビジネスを始めたりする動きが連鎖的に生まれた。刺激を受けた地域住民が新たな仕事を興すケースも出てきた。神山高専の開校は寺田が構想し、大南や起業家など多くの人材が関わって実現にこぎ着けた。

大南は感慨深げに言う。「僕が地域づくりを始めた当初は、これとこれを組み合わせたらこんなことが起きるかな、という流れがなんとなく想像できた。でもいまは、次に何が起こるのか想定できない。わくわくするでしょう?」

大南と仲間たちによる地域づくりの原点は、三十年余り前にさかのぼる。米国から神山町に贈られた一体の人形との出合いが、町の未来を変えていった。

「やったらええ」、まち変わる

青い目をしたその人形は、大南信也（七二）の子どもが通う徳島県神山町の小学校にあった。身長三十八センチ、黒いドレスを着た「アリス」。

一九二七年に米国の親日家らが日本全国に贈った約一万二千七百体のうちの一体だった。目にした大南に考えが浮かぶ。米国に里帰りさせたら、交流が生まれておもしろいかも――。

一九九〇年、三十代半ばのことだ。

出身地と記されていたペンシルベニア州の市長に手紙を出し、贈り主を探してほしいと依頼した。親戚が健在だと返事が来た。

PTAや商工会青年部の仲間に声をかけ「アリス里帰り推進委員会」を結成。一九九一年に仲間と小中高生の三十人で現地を訪問し、盛大な歓待を受けた。子どもたちの旅費は町が支援してくれた。「『こんなことができるんや』という自信になったな。成功体験を仲間で共有できたのが大きかった」

神山まるごと高専の前に立つ大南。「これから町に何が起きるか、想像もつかない」と語る（2024年5月7日、徳島県神山町）

　この経験を機に、何をするにせよ「やったらええんちゃうん」という意識が大南の周辺で共有されていった。新しいことにおもしろがって挑戦し、失敗も寛容に受け止める――。それは神山町の地域づくりの源泉となっていく。

　新任の外国語指導助手（ALT）数十人の民泊を受け入れる事業や、国内外の芸術家を呼びこむ「アーティスト・イン・レジデンス」といった活動を始めた。そうしたなかで、以前地元に対し感じていた「窮屈な枠」は少しずつ取り払われていった。「異質な存在への『慣れ』がだんだんと住民に生まれてきた。それが、多様な人材を受け入れる神山のベースになった」

大南たちは地域づくりのNPO法人「グリーンバレー」を二〇〇四年に発足。移住者の呼びこみに乗り出した。重視したのは、神山でも仕事ができる創造的な人材、とりわけ、手に職を持つ人や起業家たち。「神山はないないない尽くし。大きな企業も工場も、有名な観光地も鉄道もない、高速道路も遠い。いまあるものを組み合わせて何かを起こせる人じゃないと、移住してもその後が続かない」

雇用はない。だから仕事をつくり出せる人を選び、移住してもらおう。逆転の発想だった。

ALTの民泊や芸術家の受け入れを通じ培われてきた、外から来た人をよそ者扱いしない風土に引かれ、移住者が次第に増えていく。その流れのなかで起きたのが、「Sansan（サンサン）」による二〇一〇年のサテライトオフィス開設だった。これをきっかけに、豊かな自然とオープンな雰囲気に引かれたIT企業経営者などが拠点を設ける動きが相次ぐようになった。

大阪市を拠点にウェブ制作会社「キネトスコープ」を経営していたデザイナーの廣瀬圭治《きよはる》（五一）は二〇一二年、町内の古民家にサテライトオフィスを設け、二〇一六年には本社を移した。

二十代前半で北海道をツーリングしたのを機に、「いつかは田舎で本当の豊かさを感じながら暮らしたい」という思いを秘めてきた。二〇一二年に東京都心で開いたイベントで、神山町に拠点を設けたIT企業役員の話を聞き、町の存在を知った。

神山を訪問すると、そこにあるのは豊かな自然だけではなかった。よそ者の挑戦を後押しする住民がいて、町外から起業家や芸術家も次々と入りこんでいる。「これからおもしろいことがどんどん始まっていくんじゃないか。そんな期待が高まった」

家族四人で移住した廣瀬は本業のかたわら、地元の自然を守る「神山しずくプロジェクト」を立ち上げた。杉の間伐材をデザイン性の高い器として商品化し、その収益を山の保全に役立てている。器はグッドデザイン賞やイタリアのデザイン賞を受賞。人気のタンブラーは一万円を優に超えるが、全国から注文が相次ぐ。

廣瀬は言う。「資源は都会ではなく地域にある。地方では稼ぎのためだけではない、実社会にインパクトをもたらす本物の仕事ができる。地域に誇りを持ち、ここにしかない価値を生み出せれば、地方に主権を取り戻し、暮らしを守っていける」

町内を歩いて目立った建物に出合うわけでもない。一見すれば全国どこにでもある過疎のまち。そんな神山ではしかし、変化がいまも続いている。

日本人とアイルランド人のアーティスト夫妻が営むクラフトビール醸造所やオーダーメード靴店、造り酒屋だった建物を改装した宿泊施設……。住民たちは言う。「人は少なくても、オープンでいろんなコミュニティーがある」「いつもどこかで新しい動きが生まれていてわくわくする」

こうした変化を他の地域でも起こすとしたら、何がポイントになるのか。大南に尋ねると、こんな答えが返ってきた。「クリエイティブな人を集めることですよ。創造性のある人たちが集まって交ざり合う地域にできれば、時代に合った最先端のものがおのずから生まれてくる。おもしろいことが生まれる土壌づくりを進めるということが、とても大事」

その土壌は、際立った特徴があるわけでもなかったまちで、大南が仲間と楽しみながらたゆまず活動を続けるなかで耕されてきたものだ。

「すぐに成果が出なくても、他のかたちで開花することは絶対にある。地域づくりに失敗なんていうことはないんよ」

誰かが始めるから、始まる

中国山地の山あいにある岡山県西粟倉村は、森林面積が九割を超える山の村だ。信号は役場と小学校の前に二つ。コンビニはない。そんな人口千三百人余りの村でここ二十年ほど、若者による起業が相次いでいる。

きっかけは、全国で「平成の大合併」が進められた二〇〇〇年代初めにさかのぼる。住民を二分する議論の末、村は二〇〇四年に合併を拒否。生き残りを模索するなか、最大の地域資源である林業の再生という道が浮かんだ。

だが、具体的に何をどうすればいいのか。村や森林組合の職員が議論を重ねたが、策は出ない。森林組合に勤める当時三十三歳の國里哲也（五二）が手を挙げた。

木材価格が低迷し、間伐した丸太を売る従来型の手法では先細りするだけ。木工製品に加工して付加価値を生み、自分たちが納得のいく価格で売りたい――。二〇〇六年、間伐材を活用して幼児向けの家具や遊具をつくる「木の里工房　木薫《もっくん》」を仲間五人と起業した。

「誰もやらないなら俺がやる。そんな気持ちだった。成功する見通しや手ごたえなんてない。

でも、最初はそんな『ばか』が必要。ゼロからイチを生み出すというのは、きっとそういうこと」

國里の動きに呼応したのが、地域づくりに詳しいコンサルタントとして総務省を通じて村に派遣されていた牧大介（五〇）だった。

京都府出身。大学院を出て民間の総合シンクタンクで働くなか、社会課題への貢献を目的に起業する「ソーシャルベンチャー」の世界に触れた。ビジネスを通じて社会課題の解決に挑む若者たちをまぶしく感じる一方、そうした人材は東京など都市部に集中しているようにも感じていた。

総務省の「地域再生マネージャー」として村に滞在するなか、國里の起業に立ち合った。「身を投げ出して立ち上がった國里さんを見て、これだと思った」。資金調達のバックアップなどで伴走し、事業を軌道に乗せるため支えた。

國里の起業から二年後の二〇〇八年、村は「百年の森林《もり》構想」を宣言する。植栽から五十年たった森林を村ぐるみであと五十年支え、美しい百年の森林に囲まれた地域をつくろうというプランだ。

村は、地域の未来を切り開くには國里のようにチャ

地元産の美作ヒノキで作った棚を前にする國里。2006 年、「誰もやらないなら俺がやる」と会社を立ち上げた（2024 年 5 月 7 日、岡山県西粟倉村）

レンジする人材の発掘と育成が必要だとして、二〇〇七年に「雇用対策協議会」を設立。間伐材を使った商品開発・販売を行う事業を官民一体で展開するなど、百年の森林構想を発展させていった。

こうした村の動きが交流サイト（SNS）などで広まっていくと、移住してくる人や村民による起業が少しずつ続くようになった。

初めは木工技術や森林保全、苗木生産といった林業関連が中心だったが、やがてそうした枠を超えて業種が広がっていく。地ビールの生産やサウナ経営、レスリングユニホームの製造販売……。多種多彩な仕事が村内に生まれていった。

十三年前に東京から村へ移った「ノッツォ」もその一つ。企業のブランディングなどを手がけ、二〇二三年にはドイツのデザイン賞を受賞するなど勢いに乗る。

代表の鈴木宏平（四〇）は、美大を卒業後、フリーのデザイナーとして東京で活動していた。広告代理店からの下請けが中心の仕事を脱却しようと、地方への移住を模索。当初は出身地の宮城県に帰るつもりだったが、東日本大震災を受けて断念。他を探るなか、移住者による起業が盛んな西粟倉村を知った。「こっちに来て、顧客は広告代理店ではなく企業の経営者なんだと改めて認識した。本当にやりたい仕事が、ようやくできるようになった」

デザイン業界において、東京という場所の持つ存在感は大きいと認める。「ただ、たまに出かけて情報や流行をインプットすればいい。満員電車に毎日乗る生活はうんざり。東京に住む必要はない」「カエルの鳴き声が聞こえる環境で海外のクライアントを相手にする。グローバルな仕事がここにいてもちゃんとできる」

田舎から世界一のデザイン会社を目指すというメッセージに共感してくれるクライアントが徐々に増えてきた。「秋田でも、僕らのような働き方をする人間が増えていけば、地域の可能性は広がっていくと思いますよ」

村によると、二〇〇六年以降約五十社が起業し、売り上げは合わせて約二十三億円に上る。約二百人の雇用が新たに生まれ、移住者とその子どもが人口の一割を占めるようになった。

國里の挑戦に伴走した牧自身も村内で起業し、木材の加工・流通、起業家育成などを手がける会社を経営している。

牧は地方での起業を「ローカルベンチャー」と名づけ、自著『ローカルベンチャー　地域にはビジネスの可能性があふれている』（木楽舎）を二〇一八年に出した。あとがきでは、ローカルベンチャーの担い手をこう位置づける。「そこで生まれ育った人でもいいし、地縁・血縁のない移住者でもいいし、自治体職員の方でもいい。とにかく、誰かが始めるから、始まるのです」

國里の事業は軌道に乗り、いまや従業員約四十人を抱えるまでになっている。

チャレンジにやさしいまち

「市民は、チャレンジに取り組む権利を有します」「市民及び市長は、地域課題の解決に向けて、市内外からのチャレンジの参画に努めます」――。このような条文による「チャレンジ推進条例」

コミュニティーナースの事業を立ち上げた矢田（右）と、チャレンジを旗印にしたまちづくりに市職員として関わってきた佐藤（2024年5月9日、島根県雲南市）

を設けているのが、島根県雲南市だ。

人口約三万四千人。高齢化率が四割を超え、人口減少の「課題先進地」といわれる。そんなまちは、「チャレンジ」を旗印にした独自のまちづくりで注目されている。

ターニングポイントは平成の大合併。二〇〇四年に六町村が合併し雲南市が誕生する際、市民から行政サービスの低下を懸念する声が上がった。これに対し市は「地域自主組織」というしくみを設けた。

小学校の通学範囲をベースに市域を区切って三十組織を結成。「住民一人一票」の理念の下、自分たちの住む地域の課題解決に住民一人ひとりの意識が向くよう促した。移動手段を持たない高齢者の買い物支援に地域住民が動くなど、それぞれの組織単位で自主的な活動が生まれていった。

市の元政策企画部長、佐藤満（六四）は当時をこう振り返る。「雲南の限られた地域資源のなかでいかに折り合いをつけながら地域課題を解決していくかを、市民自らが考えるようになった」

二〇一一年には、地域づくりに関わる人材を育成するための市の事業「幸雲南《こううんなん》塾」が始まった。

市内外の若者らが全国の起業家や地域活動のリーダーによる講義を受け、ビジネスプランを作成。実際にプランの試行までこなす実践的な内容が特徴で、卒業生のなかから起業家が生まれていった。

一期生として入塾した矢田明子（四四）もその一人。当時の島根県立短大で看護を学ぶ学生だった。

出雲市出身の矢田は、父をがんで亡くした経験から二十代後半で看護の道を志す。短大の授業で、住民の日常に寄り添い、病気の有無にかかわらず健康づくりをサポートする「コミュニティーナース」という看護のあり方を知る。自らも実践をと、子育て中の母親を支援するイベントを在学中から開催するなど、地域での活動を重ねていた。

幸雲南塾に入った矢田は、畑仕事を通じて地域住民が関係を深め、互いの日常を支え合う事業を企画。知的障害のある女性が清掃関連の仕事に就くなどの経験を通じ、住民一人ひとりが個々の能力を発揮するためには多様な道筋があることを学んだ。

看護にかかわる知識を広げようと島根大医学部看護学科に編入した矢田は、保健師の資格も取得。二〇一七年に市内で、コミュニティーナースの育成と支援を手がける「ＣＮＣ」を起業した。全国の自治体や企業と連携し、コミュニティーナースを普及させる活動を進めている。

起業に当たっては、市職員が粘り強く相談に乗ってくれたのが心強かった。「雲南市に特別な創業支援のノウハウがあったわけではないと思う。でも起業家を肯定し、信じてくれる職員たちの態度は一貫していた」

地域住民も「がんばっちょうね」と声をかけてくれた。「雲南には、チャレンジャーを優しく包摂してくれる土壌があるんです」

コミュニティナースとして地域で活動する人材は現在、全国で約千二百人。矢田の活動により、雲南市には毎年約三百人が視察に訪れるようになった。

二〇一四年に政府が「地方創生」を始めた翌年、雲南市はそれまで展開してきた事業を「チャレンジ」というキーワードのもとに再編する。

「大人」と「若者」、「子ども」それぞれの世代を後押しするチャレンジ事業を設け、二〇一九年には、市内外の企業が地元と協働して地域課題の解決を目指す事業「企業チャレンジ」を始めた。

市中心部の空き家を改修したコワーキングスペース「オトナリ」は、首都圏で不動産開発などを手がける「ヒトカラメディア」が、企業チャレンジの一環で二〇二〇年に開業した。

運営会社「たすき」の代表取締役、岡晴信（五二）は、元々は都内のゼネコン社員。二〇一九年にこの会社と雲南市が連携協定を結んだのを機に、市に派遣された。

市内では、人口減に伴い空き家問題が浮上。地元の地域自主組織とともに対策を練るなかで、コワーキングスペースとして空き家を活用するプランが浮上した。

地域の課題と向き合ううちに、市への派遣という立場を超えてより深く関わりたいという気持ちが大きくなり、ゼネコンを辞めてヒトカラメディアに転職。同社に籍を置きつつ、「たすき」の代表取締役に就く道を選んだ。「今後サラリーマンを続けるか、自分で事業をしていくか悩んでいたが、雲南でチャレンジする若者を見て、自分でもチャレンジしたいと思った」

幸雲南塾から始まった起業は六十件に迫る。

元市部長の佐藤は塾を立ち上げた当時、地域の現状に対して危機感と可能性を同時に見据えていた。

「人口減少や高齢化が進んでいけば、地域の行事もこれまで通りのやり方では続けられなくなる。持続可能な地域をつくるためには、社会を変えていくことが必要。そこに起業の芽があると考えた」

合併時から二〇二〇年まで市長を務めた速水雄一（七七）も言う。「人口減が進むなか、何か手を打たなければ大変なことになる。その危機感は市全体で共有していた」

「秋田には仕事がない」正体は

秋田には若者に魅力のある職場がない――。秋田魁新報にそんな一文が載ったのは、いまをさかのぼること半世紀前、一九七四年のことだ。

創刊百年にあたるこの年、本紙は経済成長のもとで失われた「豊かさ」を考察する大型連載「豊かさの条件」を半年間展開した。

連載の終盤、本紙からの提言というかたちをとる「秋田を改造する道」の章から、当該箇所を引用する。

秋田には若者に魅力のある職場がない――。そんな指摘をした 1974 年 6 月 25 日付秋田魁新報の連載「豊かさの条件」

> 本県の産業界は立ち遅れており、業種が少ないうえ各企業は力に乏しい。その結果、若い人々が自分の選択で職を求めるにしても限りがあり、学校でせっかく身につけた知識、あるいは能力を発揮することができない状態にある。
> このため県は工場誘致に力を入れてきたが、その多くの工場は〝労働集約型〟。工場誘致というからには、生産工場がその対象になるわけだが、労働力を提供するだけでなく、その辺で目先を変え知識集約型産業、あるいは文化的な要素を持った組織の誘致を推進すべきだ。

県内産業は業種のバラエティーに乏しく若者の選択にこたえきれておらず、生産工場の誘致ばかりではない産業政策に行政は取り組むべきだ――。その指摘は五十年を隔てたいまなお、古びていない。

秋田県によると、県の誘致企業認定制度が始まった一九六一年度以降、県内への誘致件数は六十年余りで七百六十五件に上る。これらが相応の働き口を県内に確保し、雇用に貢献してきたことは間違いない。

しかし、そこには偏りがあった。

県内への誘致企業の進出には大きく二度の波があり、一度目は一九六〇年代から一九七〇年代の高度経済成長期。二度目が一九八〇年代のバブル期。安価な土地と低賃金の労働力が好感され、製造業の工場が多数、進出した。これまでの誘致総数に占める製造業の割合は八十八％に上る。

一方、これらの期間は、人口の県外流出が大きな山をなした時期でもあった。県外に出た人々が口々に言う「秋田ではやりたい仕事、やりがいのある仕事が見つからない」という声には、こうした施策の裏返しという面がある。「反省の意味も込めて言うが、平成の初めまで企業誘致は『男子型』。これがいまも響いている」とは、二〇二二年県議会での知事佐竹敬久（七六）の弁である。

これまでの誘致企業のうち、二〇二四年二月時点でも操業しているのは半数に満たない三百七十四件にとどまる。経済のグローバル化が進むなか、親会社の経営判断により、いとも簡単に撤退の憂き目に遭う宿命を、企業誘致という施策は負っている。

秋田労働局によると、二〇二四年三月の県内有効求人倍率は一・三一倍。二〇一五年一月以降、一倍を割りこんだことは一度もない。数だけを見れば、県内に働き口は充足しているといえる。

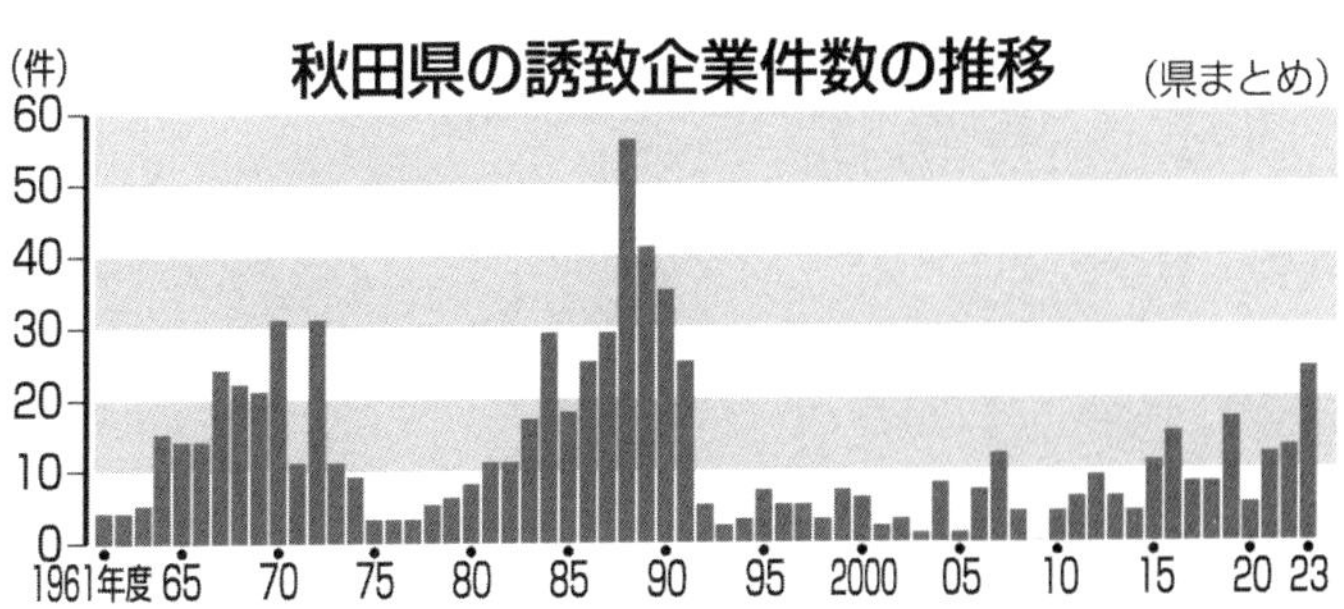

それでもなお、「秋田には仕事がない」と言われ続けるのはなぜなのか。

第六部の初回、「にぎやかな過疎」という言葉を記した。これは、農山村政策に詳しく、「地方創生」に関する有識者会議の委員も務めた明治大教授の小田切徳美（六四）が、地域社会のあるべき姿として数年来用いているキーワードだ。徳島県美波町が二〇一八年に「にぎやかそ」を町のキャッチフレーズとするなど、人口減少下のまちづくりの方向性として広がりを見せている。

元々は、石川県のテレビ金沢が二〇一三年に制作したドキュメンタリー番組のタイトル。小田切が全国各地の過疎地域を訪ね歩くなかで、この言葉がしっくりくる現場にたびたび出合い、自身も使うようになったのだという。

その小田切は、「仕事」と「しごと」を別なものととらえる考え方も提唱している。

どういうことか。

「首長や地方議員が『この地域には仕事がない』というときの『仕事』は、誘致企業の正社員をはじめとするサラリーマンをイメージすることが多い」。企業誘致は、政治家が目に見える業績としてアピール

秋田県の転出超過数の推移

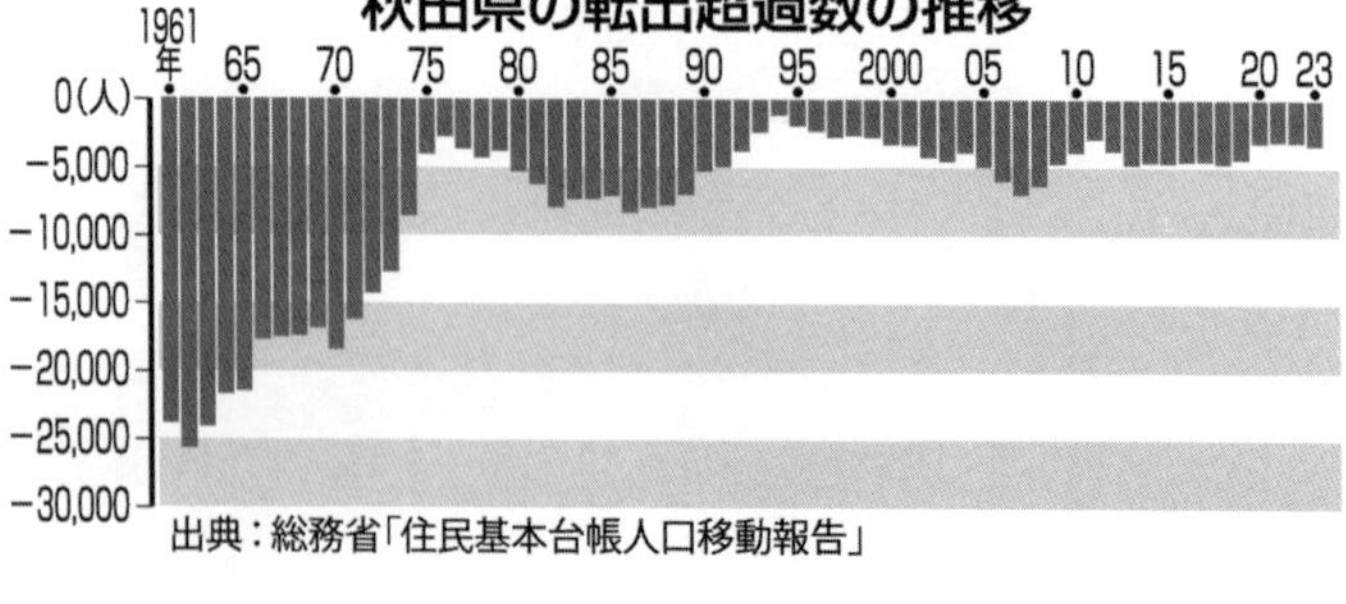

出典：総務省「住民基本台帳人口移動報告」

しやすい半面、地域外に依存した産業構造を生みだしやすい欠陥も抱えると、小田切は指摘する。

そうした旧来型の「仕事」と対をなす概念として、「しごと」がある。地域の自立的な発展を志向し、地域資源を生かしながら地元と深く結びつく営為を意味する。これまで見てきた神山町、西粟倉村、雲南市の例は、それを体現するものといえる。

「しごと」の持つ可能性を小田切はこう指摘する。

「『しごと』がまた新たな『しごと』をつくるという地域経済の好循環が回りやすい。移住者や関係人口、地域住民が交じり合い、『にぎやかな過疎』を生む力になる」

小田切のいう「しごと」の姿を、県内に見ていきたい。

「徒歩二十分圏内」でまちづくり

二〇二三年九月、全国のスタートアップ関係者や投資家が集まるイベントが男鹿市で開かれた。参加者の視線の先にいる岡住修兵（三五）は言った。

「男鹿が未来に残るための礎を築きたい。徒歩二十分圏内のまちづくりだったら、僕たちにもできるかもしれない」

「徒歩二十分圏内」の中心にあるのは、二〇二一年に岡住が立ち上げた醸造所「稲とアガベ」だ。

北九州市出身。神戸大を卒業後、大好きな日本酒に関わる仕事をするため、縁あって秋田市の新政酒造に入社した。蔵人として四年務め、在学中から目標としてきた起業に向けて退職。自然

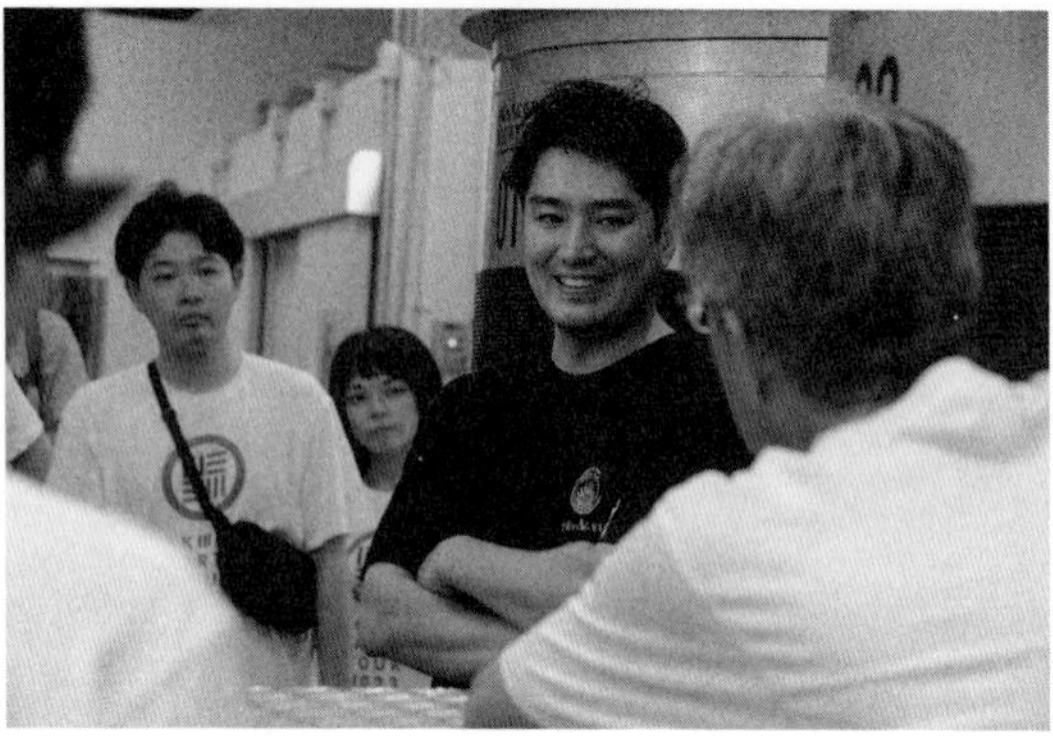

スタートアップ関係者らを前に、事業の展望を語る岡住（2023年9月、男鹿市船川港）

栽培に取り組む大潟村の農家で米作りを学ぶ一方、酒づくりに必要な免許を取り、稲とアガベを開業した。

酒税法は清酒製造免許の新規発行を原則認めていないため、稲とアガベのつくる酒は、日本酒の製造技術をベースにフルーツやハーブなどの副原料を加えた「クラフトサケ」やどぶろくに限られる。しかし、その斬新なスタイルは人気雑誌『ｄａｎｃｙｕ』などさまざまな媒体で取り上げられ、知名度が一気に全国へ広がった。

それでも岡住は、あくまでも地元・男鹿にこだわり、事業展開を続ける。

食品加工所を開設し、酒かすを用いたマヨネーズ風調味料などを販売。博多ラーメンの人気チェーンと組み、地元食材を生かしたラーメン店もオープン。今後はホテルやクラフトジン製造所の開業なども計画している。そのすべてが、稲とアガベから「徒歩二十分圏内」にある。

秋田で出会った妻とこの地に居を構え、子も生まれた。縁もゆかりもなかった男鹿でのスピード感あふれる事業展開。将来像を問われるたび、岡住は言う。「秋田に、男鹿に雇用を生みたい」

人生に悩み精神的な不調も抱えた学生時代。経営を学ぶなかで「起業家の社会貢献は雇用の創出」という言葉がふに落ち、前に進むきっかけとなった。

縁あって飛びこんだ秋田で人との出会いに恵まれ、知人や行政、金融機関など多くのサポートを得ながら起業。「秋田のおかげ、男鹿のおかげでいまの自分がある。僕にとっての最大の恩返しは、地元に雇用をつくること」

自分たちが興したしごとが呼び水となって新たな起業家が男鹿に集い、地元の人たちともつながって、さらに新たな事業が立ち上がっていく――。そんな未来像を岡住は描いている。

「ここで働きたいな、ここで暮らしたいなと思う人を一人でも増やしていく。そのためのチャレンジを十年先も二十年、三十年先もやり続ける。五十年後、僕が世を去った後で『お、男鹿ってちょっといいじゃん』みたいに言われるようになっているイメージ。百年後もこのまちが残っていてほしいわけです」

「秋田に眠る価値を映像で伝えるしごとをしながら、楽しく生きていけたらいい。以前はそう思っていたけど、最近はちょっと変わってきた」。秋田市で映像制作会社「アウトクロップ」を営む栗原エミル（二七）は言う。

京都府京田辺市出身の栗原は、国際教養大（秋田市）への進学を機に二〇一五年、秋田にやって来た。一年後、後に相棒となる札幌市出身の松本トラヴィス（二六）が入学する。

ともに外国人と日本人の間に生まれた二人は映像制作を趣味とし、一緒にいくつかの作品を撮るようになったが、卒業後はどちらも秋田を離れる予定だった。

卒業前に記念になる作品を撮ろうと、横手市の山間部でかつて栽培されていた伝統野菜をテーマとする短編ドキュメンタリー「沼山からの贈りもの」を二〇二〇年に制作。食と農が抱える課題を通じ、秋田に眠る自然や歴史の豊かさを伝えた作品は、いくつかのコンテストに入選するなど高い評価を得た。

秋田で映像を撮り続けながら生活していけないか――。将来展望を大きく変えた二人は、卒業を間近にした二〇二〇年の暮れに映像制作会社「アウトクロップ」を立ち上げた。

自治体や企業のPR動画制作などを請け負いながら、ドキュメンタリーも撮り続ける。周囲のサポートを背に歩みを重ね、二〇二一年には秋田市中心部の古民家をリノベーションしたミニシアターをオープン。二〇二四年四月には、松本が監督した秋田市のPR動画が、アジア最大級の短編映画祭「ショートショートフィルムフェスティバル&アジア」の観光映像大賞の最終選考五作品に選出された。

地道に活動を重ねるなか、二人はある思いを強めるようになっていく。伝統野菜が失われ、かつての映画街がなくなり、人口が減っていく……。次々と失われていくものの大きさだ。

新たなステップとして二〇二四年五月二十五日、秋田市保戸野の古びた四階建てマンションを

アウトクロップの栗原（左）と松本（2024年5月1日、秋田市保戸野のアトレデルタ）

リノベーションした複合拠点「アトレデルタ」をオープンした。カフェや低価格の宿泊施設、レンタルオフィスが一体となった施設。さまざまな人が集うなかで地域に新しい流れを生む場にしたいという。

「ただ会社が生き残っていくだけではなく、僕たちのしごとを通じて世の中の課題解決につなげていけないか。多くのものが失われていく現状に挑み、そこでインスピレーションを受けた人が新しいしごとを生み出すような地域のサイクルを生み出していきたい」。栗原は気負いなく、そう口にする。

会社の成長、数字だけじゃない

「どんな場面にも合います」「ぜひ一度履いてみてください」。二〇二四年四月下旬、秋田市の喫茶店の一角にシンプルなデザインの黒い革靴が並んだ。

大仙市の靴製造業「ユーイーアイ」による展示受注会。社長の加藤淳弥（五四）が手にするのは、自社のオリジナルブランド「SEAM．SHOES（シームシューズ）」だ。

ユーイーアイの前身は、加藤の母タヱ（七七）が一九七六年に創業した弱電部品の製造会社。一九九〇年代に入るころから部品製造の海外移転が進むなか、新たな道として靴製造に参入し、一九九八年にユーイーアイを設立した。大手紳士靴メーカーなどによる委託製造（OEM）を主力に、堅実な経営を続けてきた。

シームシューズの展示受注会に訪れた客に製品の魅力を説明する加藤（2024年4月21日、秋田市保戸野通町）

家業を継ぐつもりのなかった加藤は大学卒業後の一九九四年、秋田県庁職員に。出向により米ニューヨークで二年暮らすなど、行政マンとしてさまざまな経験を重ねていった。

産業労働部を軸に勤務し、民間企業と関わることが多くなっていくなか、後継者探しに難渋する母の姿を目にするようになる。「県庁には人材がいるから自分が辞めても組織は回る。何か自分がもっと役に立てることがあるならそちらに、と考えるようになった」。二〇一五年に退職。専務として経営に携わり、二〇一九年には社長に就いた。

しかし、業界全体の苦境にたちまち直面する。

経済産業省の統計によると、二〇一九年の国内の革製履物製造業出荷額は、ピーク時の一九九一年から約八割減少。会社の先行きも安閑としていられるものではなかった。

新たな柱になる事業をと考えるなか、企業支援セミナーへの参加が転機となった。

講師は、地域の産品や伝統産業を中心に全国で商品開発や販路開拓を手がけるプランニングディレクターの永田宙郷《おきさと》（四五）。「一緒に靴を作ってみませんか」と持ちかけられ、「地方のこんな小さな会社に可能性を感じてくれた」と心が動いた。

中小企業庁の支援事業の採択を受け、開発に没頭。「流行に関係なく、いつでもどこでも履ける靴」というコンセプトの下、設計・製造部門とやりとりを重ね、作った試作品は五十足以上。「休みもなくがんばったが、まだない新しいものを作り出していく過程は楽しかった」

シンプルなデザインに機能性と個性を盛りこんだ六タイプを作り上げ、二〇二一年に販売を開始。都内の大手セレクトショップに期間限定店舗を設けたり、人気雑誌に取り上げられたりと、ファッションシーンを中心に存在が少しずつ知られるようになってきた。

人口が減り、業界全体が下降線を描くなか、「会社として売り上げを伸ばしていくのは非常に難しい時代だ」と加藤は語る。そして、「でも」とも言う。「売り上げという数字とは違うかたちで会社が成長することはできるはずだ」

親から受け継いだ会社で、新たに生み出した独自ブランド。売上高に占める割合はまだ数％で、これを三割程度まで持っていくのが当面の目標だ。

「付加価値の高いものを作って世の中に提案するしごとの割合を高めていきたい。やらないよりは、やってみる。会社の姿勢として常にそうありたい」

「地方からでも世界を驚かす事業ができるんだぞと、そういう成功例を作りたい」。モーターやコイルの開発・製造を手がける横手市の「アスター」社長、本郷武延（六八）は言う。

会社はかつて、福島県に本社を置く電機製造会社の秋田工場だった。本郷はその工場長を務めていた。

モーター製造で世界市場に挑んでいるアスター社長の本郷（2024年5月10日、横手市柳田）

リーマン・ショックによる不況のあおりを受け、二〇一〇年に工場が閉鎖されることになり、百四十人の従業員を半分に整理する役割を担った。その後、残る七十人も整理するよう本社から指示があったが、本郷は違う選択をした。従業員と新会社を設立し、業務を続ける道だった。

福島県出身の本郷は、東日本大震災での原発事故の経験から、電力消費の抑止に貢献するモーターの重要性に着目。新製品の開発に取り組んだ。

試行錯誤の末、従来型よりもモーターの性能を上げられるコイルの開発に成功。リサイクル時のコストが抑えられ脱炭素化にもつながるとして、国内外から注目を集めるようになった。

本郷の着想で生まれた「アスターコイル」は、ドローンや電気自動車などに幅広く使われ、会社はモーター製造で国内有数の存在となった。二〇二三年には、公益社団法人日本ニュービジネス協議会連合会から、地域の雇用創出や経済活性化に貢献した企業として表彰されるなど、高い技術力と挑戦的な開発姿勢が業界に知れ渡る。

閉鎖された工場が本郷の決断で生まれ変わり、新たなしごとを軸に成長を続けて現在、従業員百四十人。「モーターで世界に挑む」というビジョンに共感する人材が大手企業などから転職し、集まり続けている。

従業員五百～千人規模への成長を目指す本郷には、思い描く成功の道筋がある。

「モーター開発で世界の中核企業になること。そして、従業員満足度で日本ナンバーワンの会社になること。それが私にとっての成功です」

世界のタイムマシンに

「仕事」を取り巻く秋田の状況は厳しい。

かつては「裏日本」とも呼ばれた日本海側に位置し、東北自動車道や東北新幹線といった大動脈から外れ、冬季は克雪を強いられる。

県内に本社を置く上場企業は二社のみで、全国最少クラス。最低賃金は長く続いた全国最低を二〇二三年に脱したとはいえ都市部との差が依然大きい。

首都東京を中心とした社会・経済構造にあっては、おのずから不利な環境に置かれていることは否めない。

こうしたなか、「秋田には仕事がない」という言い方が定着し、東京などへの若い世代の流出が続くのが現状だ。

しかし、ここまで見てきた「しごと」の姿は、必ずしもそうした状況に縛られるものではなかった。

初めに紹介した県外の三地域は、いずれもが秋田に劣らぬ過疎地。それでも、それまでなかったしごとが次々と生まれ、人口減少という右肩下がりのグラフには表れない活気やにぎやかさに満ちていた。続いて紹介した秋田県内のしごとの数々も、同様だった。

津々浦々にさまざまな仕事があり、人々が懸命に汗を流し日々の暮らしを立てている。その一つひとつがかけがえのない営みであり、そうした仕事がこれからも世の中を支えていくことは間違いない。

だが、人口減少のトップランナーたるここ秋田で、その大きな要因に仕事が挙げられるなかにあっては、思い切った発想の転換が必要なのではないか。

第6部で紹介してきた皆さん。日々、それぞれの地元で「しごと」に向き合っている

「まだないしごとを興す」――。そういう道筋だ。

「『どうせダメだべしゃ』って、秋田の人は思っていないでしょうか」

名古屋市で投資会社「MTGベンチャーズ」を経営する藤田豪（四九）は言う。秋田市の出身で、スタートアップ支援の専門家。秋田県の有識者会議委員や秋田大の客員教授を務め、県内の起業動向にも詳しい。

中小企業庁の統計によると、県内の開業率は二〇二二年度に二・三％で、全国最下位。「変化を好まないというか、新しいことをやりたがらないというか。秋田にはそういう空気感がいまだにある」

藤田は、置かれた状況を逆手に取るよう、ことあるごとに勧めている。「日本が、世界が人口減に向かうなかで、秋田にはワーストワンがそろっている。でもそれって、社会課題解決の舞台としては一番向いているということ。ここでの解決策は日本中に、世界中に展開できる。秋田は世界のタイムマシンなんですよ」

似たような視点を、男鹿市の「稲とアガベ」社長、岡住修兵（三五）も口にした。「世界最先端の人口減っていう現状をポジティブにとらえれば、むしろここでチャレンジしたくなる人がいるもので、僕もその一人。地方だからこそのやりがいとか、お金以外の豊かさとか、そういうものをちゃんと定義して発信していけたら、この地域から革命的なことが起きていくんじゃないか」

起業環境として秋田は決して悪くないと、岡住は言う。「固定費は低いし、ライバルは少ない。いいお客さんをつかめば、幸せに食べていったり雇用を生んだりというチャンスは十分にある」

県は、若者の起業を支援するため二年間で最大四百万円を補助する「若者チャレンジ応援事業」を二〇一九年度から行っている。二〇二三年七月までに百五十三件の応募があり、二十四件が採択された。岡住も初年度に採択を受け、事業立ち上げに役立てた。

「ここまで条件がいい制度はなかなかないのに、県外ではあまり知られていない。もっとアピールすれば、県外からの起業をもっと呼びこめるのではないか」

「地方が求心力を持つためには、小さくてもいいから、都会ではできないスタイルの起業をできるだけたくさん作っていくことが大切だ」

起業家支援事業を全国で展開している野村総合研究所（東京）の未来創発センター・チーフエキスパート、齊藤義明（五八）は言う。

事業は二〇二四年で十年目。四十～五十人の参加者が五カ月かけて事業構想を練り上げていく。北海道・十勝地方を皮切りに、沖縄や山陰、東北などに展開を広げている。最も長く続く十勝では卒業生が三百五十人超。起業が二十件以上、現在動いている事業構想が七十件ほどあるという。

「企業や雇用の数だけで見れば、まだ小さな存在かもしれない。だが、地域の看板事業になったり、自分に自信を持つ三十～四十代が増えたりと、数字に表れない活気や希望が地域に生まれている」

起業に限らない。大仙市の「ユーイーアイ」や横手市の「アスター」が示すのは、既存の企業が秘める新規事業という可能性だ。

ユーイーアイ社長の加藤淳弥（五四）は言う。

「働く場所の選択肢が少ないことが、秋田から人が離れていく大きな理由だと思う。『自分に合った仕事が秋田にもあるかも』と思ってもらえるような状況になることが大事。われわれの会社も、そういう選択肢の一つになっていきたい」

「いまの若い人たちは、しごとを通じたやりがいをとても重視する」。アスター社長の本郷武延

（六八）も言う。「千人の会社、一万人の会社だからいいということではなく、三十人であろうと五十人であろうと、中身がしっかりしていてやりがいのあるしごとであれば働いてみたい。それが本音なんじゃないか。選択肢となる産業を地方に興す成功例をつくりたい」

第七部　地域の触媒であれ

役場職員には何もできない？

十年前、政府は「地方創生」の開始に当たり、人口減少の抑制に向けた「地方版総合戦略」を作るよう全国に求めた。多くの自治体が行政主導で駆け足に策定を進めるなか、徳島県神山町は、異質のアプローチを取った。

四十代以下の町職員や住民、移住者がワークショップ形式で話し合い、一から町の将来戦略を描くという手間のかかる手法。若手職員の一人として加わった白桃《しらもも》薫（四〇）は、それまで深くつきあうことのなかった同年代の移住者たちと真剣に町の未来像を語り合い、刺激を受けた。

白桃はこの経験を機に、地場産の農産物にこだわったレストラン経営などを通じ農業の担い手育成を目指す新会社「フードハブ・プロジェクト」の運営に関わるようになる。なじみのない会社をいぶかしむ地域住民に事業内容を説明して回ったり、生産者を訪ねて歩いて有機野菜の出荷を頼んだりと、地元との調整を一手に担った。ともに事業を率いる移住者の男性から言われた言葉を、いまも強く記憶している。

「桃ちゃんが地域との話し合いを全部やってくれるから、考えることに集中できる」。取り立てて専門性もない自分が事業にどう貢献できるのかと悩んでいた白桃にとって、目の覚める一言だった。

「役場職員は、自分たちには何もできないって考えてしまいがちだけど、実は、地域の人と人をつなぐスキルがある。地域に物事を起こしていくための最善のファシリテーターだと思うんです」

長野県の南端、人口約六千人の阿智《あち》村。二〇二四年五月十六日夜、浪合《なみあい》集落の集会場で、村議六人と住民十七人が向かい合っていた。

「これからの政策について母親たちの意見を聞いていています」。村議が説明すると、住民から「目先の問題だけでなく、社会の動きに合わせた、選ばれる村づくりを進めてほしい」という声が上がった。

「役場職員は地域に物事を起こしていくためのファシリテーター」と語る白桃（2024年5月7日、徳島県神山町）

村議会の議員全員が手分けして村内を回るこうした懇談会が、阿智村では長く続けられてきた。村の年間予算が決まった後、議員十二人が二手に分かれて村内の全八集落を巡って開催する。

「説明責任というか、われわれ議会がどんな思いで予算を認めたり、変えたりしてきたのかを伝える場」。三期目で村議会議長を務める吉田哲也（五六）は、意義をこう説明する。この日は、公共施設のあり方やリニア中央新幹線の工事による村への影響などもテーマに上がった。語気を強めたり和やかなムードになったりをくり返し、話し合いは二時間ほどに及んだ。

吉田は会への参加を重ねるたび、議員の役割について考えを深めているという。「物事を翻訳しながら、村政と住民をつなげるファシリテーターでなければいけないんじゃないかなと。議場で『異議なーし』と言うのが仕事じゃない」

「ファシリテーター」。公務員の役割として白桃が、議員の役割として吉田がそれぞれ口にしたこの言葉は、英語で「物事を容易にできるようにする人や物。また、世話人」（大辞泉）を指す。一般には、会議で進行役を務めながら参加者の意見を促したり調整したりする役割として用いられることが多いが、二人の含意はもっと深い。

立場や考え方の異なる多様な人々をつなぎ、地域の協働を生み出していく――。公務員や議員が果たしうるファシリテーターとしての役割を二人のイメージでとらえるなら、このようなものになる。公務員や議員が主体的に動き、そこで生み出された住民の共通理解と協力関係をてこに、地域の課題を乗り越えていく。そうした理想像はしかし、「地方創生」ではむしろ実現から遠ざかった面があった。

象徴的なのは、地方版総合戦略の策定過程だ。政府は「二〇六〇年に人口一億人維持」という目標をまず立て、これに沿った人口減抑制策を自治体に求めた。一年余りの期限が切られ、自治体は急ぎ足での作業を余儀なくされた。

結果、全国多くの自治体がコンサルなど外部に策定作業を委託する事態を招いた。県内でも大半の市町村が同様の対応を取った。首長経験者の一人は「政府からせかされるなか、住民とじっくり話し合うような時間が取れなかった」と悔やむ。

戦略の多くは現場の実情や住民の声といった手触りを欠くものとなり、掲げられた目標の多くが空文化してしまった。

神山町の白桃は、フードハブ・プロジェクトに本格的に身を投じるため、二〇二一年に役場を退職。現在は共同代表と農業長を務めている。

山あいに位置し大量生産が難しい神山の農業を守っていくため、少量多品種の農作物と食べる人を直接つなぐ――。それは、農家出身の白桃が、総合戦略策定の話し合いで移住者らとともに練り上げた事業だ。

白桃は、総合戦略の策定に携わるまで、町に移住してきた人たちを快く思っていなかったと明かす。「外から来た人が町を消費しているという思いがあった」。だが、総合戦略を作り上げるための話し合いを重ね、彼らの発想を起点に始まった事業を根づかせるため地域を走り回った経験のなかで、考えが百八十度変わったという。

公務員は最善のファシリテーターだと唱える白桃は、その力を発揮していくためのかぎをこう考える。「多様性を受け入れること。仕事の進めやすさを重視するのではなく、新しい人、違った能力を持つ人とつながり、一緒に考えていくことだと思う」

公務員は型破りだっていい

二〇二〇年一月のある日、男鹿市役所二階の男鹿まるごと売込課に勤める池田徹也（四七）を一人の青年が訪ねてきた。市内の友人から池田の名を聞いて来たという青年の話は、商工業支援を業務とする池田にとって興味深いものだった。

「醸造所を開きたいと考えているんです」。米などの原料を地元から適正価格で仕入れ、ブランド価値を高めた酒として高価格帯で販売する。そうすることで自分たちだけではなく地域の人たちも潤い、雇用も生むことができる――。男鹿で醸造所を開きたいのだと情熱的に語る青年の話は突拍子もないものだったが、池田はそこに明確なビジョンを読み取った。地域が変わっていくきっかけになるのではないかと直感した。

翌年秋に醸造所「稲とアガベ」を立ち上げることになる岡住修兵（三五）の第一歩を、池田は真正面から受け止め、動いた。

池田は、醸造所の立地場所探しをサポート。市内にある県有地や、小学校や工場の跡地、空き店舗を一緒に回り、改修費の見通しをともに検討した。

「岡住さんは大きな事業を展開するという夢を持って男鹿に来ていた。地元の事業者が刺激を受けて、いい影響が波及していくんじゃないか。一緒にがんばりたい。そう思った」

最終的に岡住は、旧男鹿駅舎を改修して起業するが、当初は開業場所を他の自治体と迷っていたという。「一緒に物件を探しているとき、池田さんのような人がいるなら男鹿にしようと決めた」

「それまで公務員の方には事務的、保守的なイメージを持っていたが、池田さんと会ってみると全然違った。情熱的で行動力があって温かい池田さんが入り口にいたのは大きかった」

自治体職員の存在が地域の変化につながった例が、五城目町にもある。

二〇一三年に町は、東京都千代田区に置いていた東京事務所で催しを開いた。町職員の柴田浩之（五〇）によるプレゼンを聞いていたのが、同じ建物に本社のある教育事業会社「ハバタク」代表の丑田俊輔（三九）。「それまでは町の名前も知らなかった」という丑田は、柴田との出会いをきっかけに、五城目との関係を深めていく。

丑田は福島県生まれ、東京育ち。大学在学中に都内の公共施設再生事業に参画した経験があり、日本ＩＢＭをへて二〇一〇年にハバタクを創業していた。

池田（左端）と岡住（右から２人目）。池田は醸造所を開きたいという岡住の思いを受け止め支援に奔走した（2020 年 12 月、男鹿市、提供写真）

五城目町の企業向けレンタルスペース「馬場目ベース」の視察も兼ねて丑田が初めて町を訪れた日、柴田は地元の居酒屋に連れて行く。自然豊かな子育て環境に話が及び、居合わせた地元客を柴田は丑田に紹介。丑田からは移住の話も出た。「柴田さんは僕にとって町の第一住民。初めて五城目に来たときから地域の人をつないでくれた。お金ではない『つながりの資本』のきっかけをくれたのが柴田さんだった」

丑田は二〇一四年に町に移住し、馬場目ベースの初の入居者としてハバタクの拠点を構えた。その後も、農家民宿「シェアビレッジ町村《まちむら》」や、地域の子どもたちのために空き店舗を改装した「ただのあそび場」の開設、休業していた湯の越温泉の再生に関わり、町にたくさんの人を呼びこんでいる。

丑田の活動を紹介した書籍のなかで、柴田は匿名の「不良公務員」として登場する。

「公務員っぽい仕事ぶりではなかったからだと思う」。そう振り返る柴田自身、自らの仕事ぶりがやや型破りなのを認める。

庁内の自席に座っている時間は短く、移住希望者が町内を見て回りたいと言えば庁舎を飛び出して案内し、夜は酒を酌み交わす。丑田は「どの町にも既存のルールや前例を言い訳にせず動ける人っていると思うが、柴田さんがまさにそうだった」と話す。

そうした仕事のスタイルについて柴田は言う。「町にとって大切な人との縁づくりにしっかり取り組むべしという期待を感じながら仕事をしている。そうでなければ、丑田さんとの関係づくりのような仕事はできなかった」

町が二〇一三年に馬場目ベースを開設したのは、従来型の大規模工場誘致が二十年以上、成果を上げていない経緯を踏まえてのことだった。小さいながらも地場の資源を活用した起業の促進にも力を入れようと、閉校した小学校の校舎を活用して馬場目ベースを設けた。

二〇一三年度以降、馬場目ベースを中心とした町内での起業は町が把握しているだけでも三十四件。丑田は「自分たちが五城目で暮らしながら、どんなことをしたらわくわくするだろうという視点でいろいろなプロジェクトを立ち上げてきた。チャレンジできる環境づくりを公務員の方々が下支えしてくれているからこそ、民間の自分たちが田舎の町でフルスイングできる状態になれた」と話す。

柴田の仕事ぶりを支えてきた副町長の澤田石清樹（六三）は言う。「人との縁が地域を変えるということを町長以下、幹部もわかっている。だから、柴田には時間を気にせず、どんどん外に出ろと言っていた。縁づくりをガンガンやってくれる職員がいてよかった」

まちづくり、主役は住民

「日本一チャレンジにやさしいまち」を標榜《ひょうぼう》する島根県雲南市には、行政が市民と積極的に向き合ってきた歴史がある。

「平成の大合併には意味がなかった。あるとすれば、本気で悩んだか、悩む機会にしたか、変革するための機会にしたかだ」

市の元政策企画部長、佐藤満（六四）は、自身が二十年前に職員として向き合った市町村合併を指して、こう振り返る。行財政の効率最優先に政府が推し進めた平成の大合併は現場の実情を無視したものだったが、自分たちはそこで真剣に悩み、住民と対話し、変革の契機としたのだ――。そうした自負がにじむ。

事実、二〇〇四年の合併に際して佐藤らが住民と重ねた議論は、まちの将来を大きく変えていった。

雲南市は島根県東部の六町村が合併して誕生した。旧大東町職員だった佐藤は、住民主体では

市が進める若者支援事業「若者チャレンジ」から生まれ、訪問看護事業を展開する「Community Care（コミュニティーケア）」のメンバー（2024年5月9日、島根県雲南市）

なく政府主導で進む合併には反対だったが、各町村の首長や職員、自治会長らでつくる合併協議会のメンバーに選ばれ、新たなまちづくりに向けた議論に参加した。

合併協議会では「教育」「インフラ整備」「市民と行政のあり方」などのテーマごとにメンバーが意見交換。各テーマで活発な議論を交わした。合併前の近隣自治体という間柄では見えにくかったが、それぞれの町村には地域を思い、困難に直面しながらも行動を起こそうとする人材が多くいるということが、佐藤には大きな発見だった。

雲南市誕生後、市は合併協議会での議論を踏まえ、市内各地で地域住民がより能動的に活動し、日々の困りごとの解決に当たっていけるようなしくみを構築した。地域づくりや福祉、教育に取り組む「地域自主組織」がそれだ。

小学校区ごとに三十組織を結成。各世帯単位で加盟する自治会や町内会とは異なり、「住民一人一票」という理念を掲げた。組織ごとに会の名前を自由に決め、具体的な活動内容も住民が決めていく。活動の主体はあくまでも住民。市は活動を見守りつつ財政面でのサポートに徹した。

地域自主組織の一つ「躍動と安らぎの里づくり鍋山」は二〇〇六年に発足。それまであった地区の福祉委員会、自治会連合会、振興対策協議会を統合した。会長の秦美幸《よしゆき》（八一）は「過疎化や高齢化が進めば、町内活動の負担も大きくなる。地域自主組織が既存の組織の役割を統合して活動すべきだと思った」。スポーツや体操などの催しを行う交流サロンの運営、温泉施設の指定管理業務、水道メーターの検針業務、放課後の子どもたちの見守りなど活動は多岐にわたる。

ユニークな取り組みとして自治体関係者を中心に広く知られるようになった地域自主組織も、決して順調に進んだわけではない。

合併当初、各組織の活動拠点として公民館が選ばれた。だが、公民館長には退職後の教職員が就いているケースが多く、従来型の生涯学習より活動内容が広がることへの反発から、組織づくりが進まない地域もあった。

秦は言う。「市は、地域住民が主体的にまちづくりに関わることが重要だと考えていたと思う。反発の大きかった地区の行事に市の部長や課長が足を運んで説得していた。彼らのがんばりは大きかった」

雲南市の取り組みは、さらに発展していく。

住民のさまざまな挑戦を地域課題解決や市民生活維持の原動力にしていこうと、地域自主組織の取り組みを「大人チャレンジ」と名づけ、移動手段を持たない高齢者を住民が車で送迎する活動などを幅広く展開。地域自主組織のメンバーは五十～八十代の住民が中心となっていることから、将来的な地域づくり人材を育成しようと小中高生の地域課題解決学習「子どもチャレンジ」

も始めた。

さらに、「若者チャレンジ」や、市内外の企業が地元と協働して地域課題の解決を目指す「企業チャレンジ」もスタート。企業からのふるさと納税を原資に市民有志の挑戦を支える「スペシャルチャレンジ」も行う。さまざまな年代によるチャレンジが広がっていく連鎖が、地域づくりを推進してきた。

こうした取り組みを中核となって進めてきた佐藤には、忘れられないできごとがある。

「人材育成塾をやりたいんです」。市政策推進課長だった二〇一〇年度、部下の職員がそう提案してきた。「本気でやるのか？　一晩考えてこい」。佐藤はそう返した。

翌朝、出勤してきた部下は言った。「やります」

これをきっかけに、地域づくりに関わる人材を育成する事業「幸雲南塾《こううんなん》」がスタートする。全国の起業家や地域活動のリーダーを招き、起業を志す市内外の若者らが講義を受けてビジネスプランを作成し、市内で実践する。この塾から起業家が生まれ、地域ににぎわいをもたらす核になっている。

「市長が思いついたことを受け身で実行するのが職員の仕事ではないんですよ」。公務員として市民と深く関わり、地域づくりを前進させてきた佐藤の述懐だ。

行政と住民、つなぐは議員

全国多くの地方議会が、議員のなり手不足に頭を悩ませる。住民との間に、広がる距離感。北海道北部の鷹栖《たかす》町議会はかつて、そんな議会の典型だった。

二〇一九年まで三期連続の無投票。「議会報告会に集まる町民はいつも同じ顔ぶれ。町民にすれば、議員が誰かもわからないような状態が続いていたと思う」。議長の大石隆（七二）はそう振り返る。

議会に関心を持ってもらうには、どうしたらいいか。広報広聴常任委員長を務めていた片山兵衛《ひょうえ》（四六）にアイデアがあった。以前、商工会青年部で広報を担当していたとき、週刊誌の中づり広告を模した広報チラシを作り好評を得た。その経験を生かし、議会広報としては型破りなチラシを作った。

今回の議会ではどういった点に注目してほしいのか。どの議員がどんな一般質問を行うのか。住民に訴えたい情報を週刊誌風の見出しにし、この年十二月の日曜議会に合わせ、新聞に折りこんで約千八百世帯に配布した。

当日の傍聴者は約四十人。前年の休日議会の倍以上となった。町民からは「やりすぎでは」といった声もあったが、「議会に興味を持ってもらうためなら批判は覚悟の上だった」（片山）

その後も、週刊少年ジャンプの表紙や怪獣映画ゴジラのポスターをイメージしたチラシなどを作り続けた。二〇二〇年には小学生が使うジャポニカ学習帳のデザインを模した「議会傍聴ガイドブック」を発行。さらに、傍聴した町民に「聞き取りやすさ」や「追及力」など五項目五段階で評価してもらう「通信簿」も始めた。

感想欄には「何度も同じことをくり返す」など厳しい指摘も並んだが、「わざわざコメントを書くということは、一生懸命に聞いていてくれている証拠」（大石）と受け止めた。町民の一人でたびたび傍聴席に足を運んだ側《がわ》彰（七三）は「通信簿があると、聞き漏らさないようにと真剣になる」と話す。

傍聴者が増えるに従い、議場には緊張感が増してきた。議員同士で勉強会を開くようになり、一人ひとりの一般質問の内容を議会全体の課題として共有した。

「議会に興味を持ってもらうためなら批判も覚悟の上」と語る片山（左）と大石（2024年5月15日、北海道・鷹栖町役場）

二〇二三年の選挙には十四人が立候補し、十六年ぶりの選挙戦が実現。こうした改革が評価され、地方自治体の議会や首長らの優れた取り組みを表彰する「マニフェスト大賞」で二〇二〇年度、二〇二三年度に優秀賞を受賞した。全国の議会からの視察も相次ぐ。

「議会に意見を寄せてくれる町民も増えてきた。まだまだ課題はあるが、議会への理解が深まってきたのかな」と片山は言う。

「最初は怖かった」。長野県阿智《あち》村議会で三期目の議員として議長を務める吉田哲也（五六）は、初めて住民との懇談会に臨んだころをそう振り返る。

村では、十二人の議員が年に一度、手分けして村内全八集落を回り、村民と意見を交わす懇談会が長く続いている。「どんな質問をされるかな、ちゃんと答えられなかったらかっこ悪いなとか、不安もあった」。そう話す吉田だが、「懇談会がない方がいいと思ったことはない」とも言う。

村では、住民と村政を結ぶ二種類の懇談会が毎年行われる。

一つは、村の幹部が十一月ごろと二月ごろに集落を回る「村政懇談会」。そして、吉田ら議員が五月ごろに回る「自治会懇談会」。住民はまず、村政懇談会で日々の暮らしについての思いを村当局にぶつけ、次年度の予算についても要望。年度が替わると、予算の審議内容を説明しにくる議員と顔を合わせる。

二〇二四年五月十六日夜の自治会懇談会では、リニア中央新幹線の工事車両が村内の国道を通過することが話題に上った。

村の当初の方針と異なるのではないか――。村民から指摘が上がると、議員の一人が、状況の変化により村が対応を変え、議会もそれを受け入れた経緯を踏まえて「いまは村としての要望を事業者側にどうのんでもらうかを考えなければいけないと思う」と発言。

2019年12月定例会に合わせて片山が作成した中づり広告風の案内チラシ（鷹栖町議会提供）

別の住民は「天下の往来を通るなとは言えない」と述べ、子どもたちの安全確保などを最優先に求める議会の主張に理解を示した。

吉田は、こうしたやりとりに懇談会の意義を見いだす。村当局や議員にとっては常識といっていいことがらも、住民には十分理解されていない場合がしばしばあるからだ。十六日の会に参加した自治会長の伊藤今朝文（七二）は「自分たちの村を考えるために、懇談会は必要だ」と語る。「住民みんなで課題に向き合う。そうした構図を鮮明にできる」と、吉田は会の意義をとらえているという。「密室で村政を動かしてはいけないというのは、共通の思い。ファシリテーターとしての議員の役割はそこにある」

話し合いの先に変化が

秋田県三種《みたね》町議の森山大輔（四九）はかつて、東京に拠点を置く外資系投資銀行で昼夜なく働いていた。

リーマン・ショックと東日本大震災に遭遇し、お金よりも大切な何かを子どもたちに残したいという思いが募った。農村への移住を検討するなか、三種町などが主催した体験ツアーに参加。その縁で二〇一三年、家族五人で都内から移り住み、農家になった。

野菜と米を育てるかたわら、地元の農作業唄を歌いながら田植えや稲刈りをしたり、古民家を交流の場に再生したりと、住民たちと多彩な地域活動を展開するようになった。仙台出身のよそ者としてほれこんだ三種の魅力を住民に再認識してもらい、地域に誇りとつながりを取り戻すきっかけにしたいとの思いで活動を続けた。

だが、地域との関わりが広がるなかでも、移住当初から抱いていた違和感は消えなかった。少子高齢化で地域の課題は山積みなのに、住民同士で話し合い、行動につなげることが少ない。地域の会合では、酒の勢いで住民たちが地元への思いを熱心に語る。「だけど、それは酔いと一緒に消えて終わり。最初はキツネに化かされた気持ちでした」

町役場の会議も同様だった。総合計画について話し合う委員を任されたが、会議は当初予定した回数が開かれないまま終了。腰を据えた議論にはたどり着かなかった。

「この町には、話し合いをしないで大事な物事を決めてしまうところがある」。そんな印象が刻まれた。

そうしたなか、二〇二〇年に町の将来を左右する問題が持ち上がる。合併前の旧三町単位で一つずつある中学校の統合だ。

森山は焦りを覚えた。「拙速に進めれば、地域の衰退を早めかねない」。一方で希望も感じた。「住民の共同作業として向き合えば、町民が一つになれる。結論はどうであれ、住民の理解と納得がないとだめだと思った」

町教育委員会は、ＰＴＡ役員や自治会長、校長経験者らを集めた懇談会を開き、統合の方向性を話し合った。森山も小学校のＰＴＡ会長として参加した。

だが、町が翌二〇二一年初めにまとめた計画には、懇談会の場で説明も議論もされなかった統合中学校の建設場所が盛りこまれていた。地域住民にとって最大の関心事といっていい問題だ。

唐突な方針に、住民から反発の声が上がった。森山は住民とともに話し合う会合をくり返し開催。通学距離や防災面での不安といった町民の声をまとめて町に要望書を提出し、再考を求めた。

町は開校時期を遅らせ、保護者や自治会長らとの協議の場を設けた。五回の話し合いで建設候補地を再検討したが、町の結論は変わらなかった。

住民を蚊帳の外に置いたまま物事を決める町政が町民との信頼関係を自ら損ない、地域が前に進む力を弱めているのではないか。そんな思いを強めた森山は二〇二二年の春、町議選に立候補し、当選する。

自ら開いた稲刈りイベントで住民と交流する森山（左）
（2018 年 9 月、三種町鵜川）

仲間の議員三人とともに始めたのが、住民との意見交換会だった。年四回の定例会終了後、住民と車座になり、議会での議論や決定内容を説明する。時々のさまざまなテーマについても語り合う。「自分たちはたまたま住民の代表をしているだけ。地域の未来像について、一緒に考えることを大切にしたい」

その場でも、統合中学校問題に住民から疑問の声が上がり、森山たちは議会で建設計画に反対していく。二〇二三年三月の定例会では、町が提案した統合校の実施設計事業費を削除する修正予算案を発議し、可決に持ちこんだ。

その後、六月の定例会で町当局が予算案を再提案し、可決に至ったが、森山たちの活動は、町が町民との合意形成に時間をかけ、建設計画の一部を改善するという結果につながった。

森山たちの活動を機に、自ら行動を始めた町民もいる。

森岳地区で二人の子どもを育てる三浦真由美（四四）は二〇二三年六月、初めて町議会を傍聴した。わが子が将来通うことになる統合校の問題に関心を持ったからだ。「町民の声を議員や町が本当に聞いているのか、疑問に思った」

三浦は森山らに話を聞き、統合計画の問題点をまとめたチラシを作って町民に配布。八月には住民有志と家々を訪問し、建設計画の撤回を求める署名を依頼して回った。有権者の四分の一に当たる三千三百八十九筆を集め、町に提出した。

家々を訪ねるなか、三浦は少なくない住民が自由に声を上げられずにいるのを知った。「署名をしたいけど、役場に名前を知られるとまずいと言う人が多かった。思いはあるのに意思表示できない人が百人くらいはいた」

森山は、幅広い地域住民の声をすくい取り、町の課題を乗り越えていく風土をつくりたいと考えている。理想とする姿はかつての農村集落の「寄合」。共同体の力で問題に立ち向かうため、全員が徹底して話し合い、納得のうえで行動に移すことを重んじた協議体だ。

「多数決で決めるのはある意味暴力的で、そこからこぼれ落ちる声がある。多くの人が納得できる、よりよい答えを探す役割が議員にはある」と森山は言う。

「議員がどれだけいい仕事ができるかは、町民の声をどれだけくみ取ることができるかにかかっている。住民を信頼し、対話を始めることが出発点だと思う」

秘めた力で変化起こせ

「俺は茨城生まれ　湯沢市副市長　あばよ総務省」

二〇一五年、ストリートファッションに身を包んだ男がくり出すラップが、動画投稿サイトを通じ全国に広がった。総務省から湯沢市に派遣され副市長を務めていたキャリア官僚、藤井延之（四二）による「ラッパー副市長」だ。

藤井は親の転勤により子どものころを東北や関西など各地で過ごし、総務省に入ってからは米国留学も経験した。過疎に直面する湯沢市のナンバーツーとしてこの年赴任し、停滞感を打ち破る話題づくりに始めたのが、湯沢の魅力をふんだんに盛りこんだご当地ラップだった。

副市長として、新たな施策を次々打ち出した。情報通信技術（ＩＣＴ）を活用した高齢者の見守り、企業がインターネット上で仕事を依頼するクラウドソーシングの実証実験……。企業との連携や政府予算の活用により、先進的な事業を次々しかけていった。「人口減少先進県である秋田から、未来の地方行政を全国に提示したいという思いだった」

次の時代を見据えた取り組みの推進力は、つながりの力にあった。地元で活動する若者らが集う「月イチトーク」などで住民同士の結びつきを強め、県外の人材や企業と積極的に連携を図った。「役所の人間だけでは固定的なものの考え方にとらわれてしまう。越境的な人材を育てたいという思いがあった」。地域の課題を乗り越えるためには、「官と民」や「地方と都市」といった違いを対立軸とせず、柔軟に発想し行動できる人材が欠かせないという考えだった。

着任二年目の二〇一六年には、総務省の後輩で鹿児島県長島町の副町長を務める井上貴至（三八）とご当地ラップ対決を行い、話題を集めた。その井上は現在、山形市に出向し副市長を務めている。

井上は「社会の触媒　地域のミツバチ」と記した二枚目の名刺を持つ。花々の間を飛び回って花粉を運び、新たな芽吹きに一役買うミツバチに、公務員としての自らを重ねる。二〇一〇年ごろ、「『地方創生』の聖地」と後に呼ばれるようになる徳島県神山町で菜の花畑を飛ぶミツバチを目にしたとき、着想したという。

触媒――。化学用語が転じて、「ある状態を変化させたり何かを生み出すための刺激となった人や物事」（日本国語大辞典）をいうこの言葉に、どんな思いをこめているのか。「人と人が出会うことで、新しいひらめきや想像力が生まれ、イノベーションにつながる。そういう流れをうまくつくっていきたい」

井上は、東大のゼミで得た教えを胸に刻んでいる。「君たち東大生は何も知らない。どんどん現場に行きなさい」。総務省に入ってからも休日のたびに自腹で日本各地に足を運び、住民との交流を重ねた。築いた人脈を生かして各地の人と人をつなぎ、地域課題の解決に積極的に助言す

2016年に湯沢市で開かれたイベントでご当地ラップ対決をくり広げた、当時湯沢市副市長の藤井（左）と鹿児島県長島町副町長の井上。行政マンとして人と人をつなぐことが地域に前向きな変化をもたらすと、ともに考えている（2016年10月、湯沢市）

るのが井上の信条だ。

藤井や井上を自治体に送り出したのは、「地方創生」の施策として設けられた省庁や企業などから自治体への人材派遣制度。地方にこそ多様な人材が必要だという井上の発案でできたものだ。「地域にはドリブルをする人はいても、パスを出せる人はなかなかいない。パスが出れば、ドリブルが生きてくる」

井上自身が制度の第一号として二〇一五年、長島町に派遣された。二年の派遣期間中に手がけた代表的な事業が「ぶり奨学金」。町の子どもたちが活用できる低金利の融資で、学校を卒業して十年以内に町に戻れば、返済が免除される。地元の信用金庫や漁協、企業、一般町民と連携して資金集めとしくみづくりを進め、全国に知られる制度になった。

二〇二一年に赴任した山形市では、女性の起業や異業種交流を後押しするワークショップなど新たな施策を打ち出すなか、市職員の育成にも力を入れている。

「質問攻めにしない、反論しない」「否定も断定もしない」といった決まりを設け、互いが安心して発言できる環境のもとで職員同士が対話を重ねる研修を実施。それぞれが理想とする市の姿や取り組みたいテーマを語り合うなか、若手職員による政策提案が活発になっているという。

ここまで、各地の自治体職員や地方議員が人と人とをつなぎ、地域に前向きな変化を起こす姿を見てきた。

「地方創生」という政策が進められるなか、彼らの役割がことさら注目される機会は多くなかった。いや、むしろ見過ごされてきた。しかし、地域の実情に通じ、人脈が豊富で一定の人員を擁する自治体職員と地方議員の潜在力の大きさは、県内外の実例が示す通りだ。地域社会の触媒として彼らが最大限に力を発揮することは、地方の今後に欠かせないピースといっていい。

自らを触媒と名乗る井上は、「多様性」と「流動性」の大切さを説く。

多様性は、外部の人材と協働しその考えに触れることや、組織内のさまざまな声を認め合うなかで培われていく。それは、組織や人材が変化にしなやかに対応する流動性の源泉でもある。

そうした役割を自治体職員と地方議員が果たし、住民とともに地域づくりを前に進めていく。

「それは本質的に未来を語ることであり、楽しいことだ」と井上は言う。

県と二十五市町村の職員が一万人余り、県議会と市町村議会の議員が約四百五十八人。地域に変化を起こす秘めた力が、秋田県内にもそれだけ存在している。

第八部　寛容、そして希望

「希望」最下位、どうする秋田

「地域の希望」は、秋田が全国最下位――。二〇二三年秋、民間のシンクタンクによるこんな調査結果が発表された。

調査の中心となったのは「ライフルホームズ総研」(東京)の所長、島原万丈(五八)。「地方創生」という政策に関連し独自の切り口による調査研究を重ね、二〇二一年に「地方創生のファクターX」、二〇二二年に「〝遊び〟からの地方創生」と題するレポートを発表。ユニークな視点と説得力のある論述が注目され、全国から講演の依頼が続く。

二つのレポートは「寛容と幸福の地方論」というシリーズを成しており、その第三弾かつ集大成として二〇二三年九月に発表したのが「地方創生の希望格差」だ。

調査は、二〇二三年五、六月に四十七都道府県の十八歳以上の男女計一万八千八百人に対しインターネットで実施。「地域の希望」について▽地域の十年後は明るいか▽地域の未来をよくすることは可能か▽地域の課題に対処可能か▽十年後の地域を考えたときどういう気持ちになるか――といった視点で複数の設問を用意し、得られた回答をスコア化した。

結果を都道府県別に集計すると、秋田は十・二九で全国最下位。トップの沖縄は十三・一二。偏差値にすれば沖縄が八十八、秋田は三十三となり、住民が日々の生活で感じる「希望」には、地域によって大きな隔たりがあることがわかった。

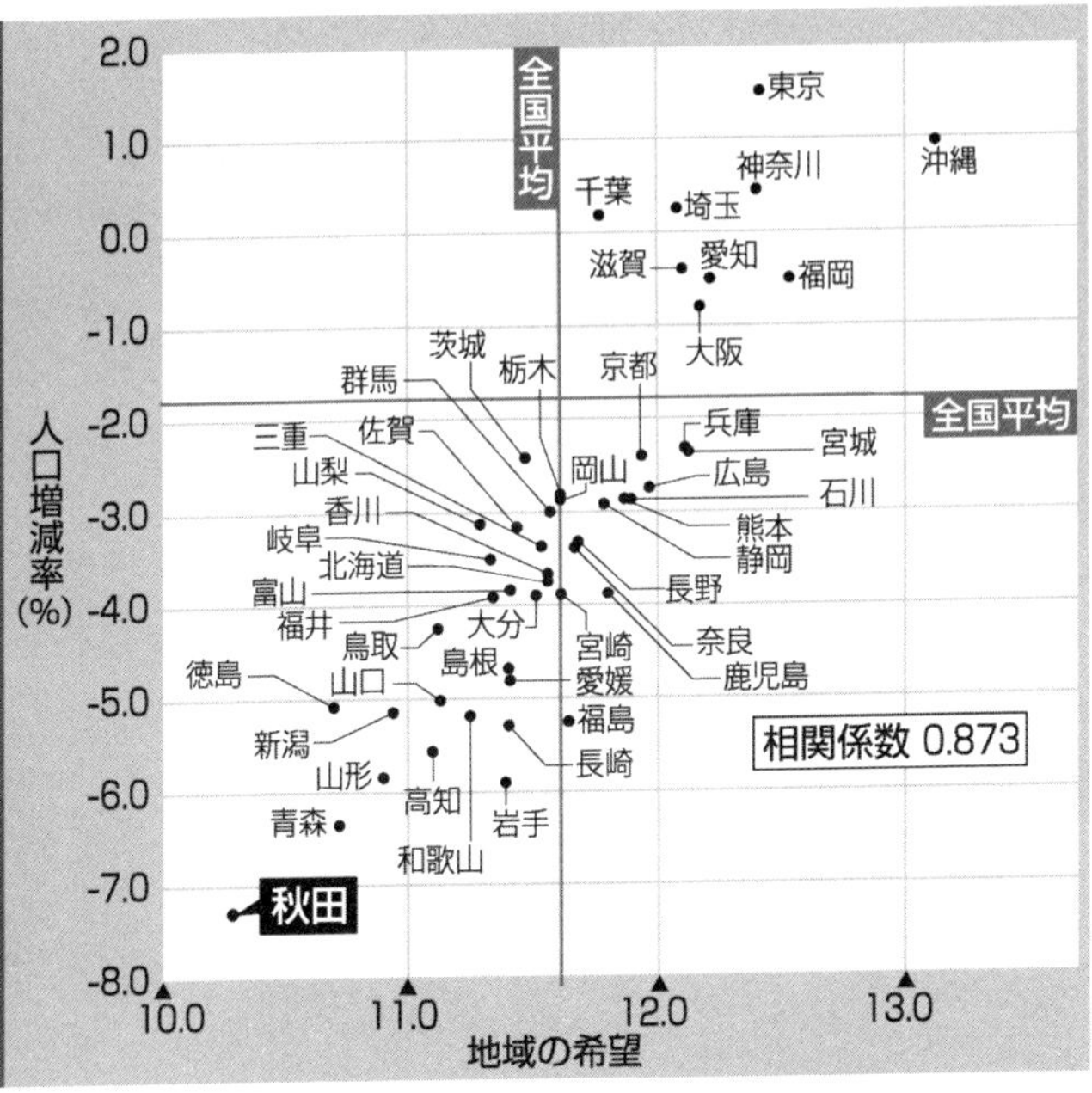

「地域の希望」と人口増減率の相関関係

注目すべきは、都道府県別の人口減少率との関係で、「地域の希望」を横軸に、人口増減率を縦軸にとった散布図は、右上の沖縄から左下の秋田まで、直線的に四十七都道府県が散らばる。相関係数は「強い相関」の目安とされる〇・七を超える〇・八七三。「地域の希望」と人口減少の強い相関関係が浮かんだ。

島原は、愛媛県宇和島市出身。実家は地元名産「じゃこ天」とかまぼこの製造販売業を営む。

中央大進学を機に上京し、一九八九年にリクルート入社。関連のシンクタンクをへて二〇一三年に退社後、住宅分野の調査研究を主に手がける現在の職に就いた。

建物のリノベーションに関わる調査

などで全国を訪ね歩くなか、「地方創生」に関心が向くようになった。政府の看板政策にもかかわらず東京一極集中は是正されず、地方の人口減少は止まらない。毎年巨額の予算を投じているのに成果が上がらないのはなぜなのか。そうした疑問が、「地方創生」をテーマとした調査研究に取りかかる出発点となった。

第一弾「地方創生のファクターX」では、人口の社会増減に関わる要素として地域の「寛容性」を指摘し、第二弾「〝遊び〟からの地方創生」では、寛容性を支える要素として芸術・文化・スポーツなどの「遊び」に着目した。

「第一弾をやったら、次の課題や仮説が見えてきた。それで第二弾をやったら、また次の課題が見えてきた」。第三弾で議論の軸に据えたのが、「希望」だった。

「地方創生」に関するレポートの発表を機に、島原は各地の地方都市に講演で招かれる機会が多くなった。全国の先進事例を紹介した後、懇親会などで次のような発言に出くわすことがしばしばあるという。

「うちのまちでは無理だ」

「あそこは恵まれている。うちとは事情が違う」

新たなアイデアは拒絶し、さりとて対案があるわけでもない。多くが中高年男性だった。その姿から島原は「地域に住む人が自らのまちの未来に対してあきらめているという状況」(「地方創生の希望格差」序章より)を見てとった。

一連の「寛容と幸福の地方論」で根底にあるのは、地方の人口減緩和を最大の目標とする「地方創生」への違和感だ。

「増田レポート」に端を発する「地方創生」では、「自治体の消滅」という警句が地方に重くのしかかり続けた。そこに島原は異論を唱える。「自治体ベースで人口を追いかけるという問いの立て方自体が、間違っているのではないか」

日本全体の大きな流れとして人口減少があるなかで、自治体ごとに人口の数合わせに走れば、近隣同士の奪い合いに終わりかねない。「地方創生」が目指すべき真の目標は、それぞれの地域に住む人々の幸福度＝ウェルビーイングの増大ではないのか。そうであるなら、地域の人口はそれぞれの地域が選ばれた、あるいは選ばれなかった結果に過ぎない。地域が選ばれるためには、その地域で生きることが住民にとって幸福でなければならない――。こうした考えが、島原流「地方創生」論の根幹にある。

第三弾のレポートで「希望」をテーマとした理由について、島原はこう語る。「住民にとっての幸福度は、将来にわたって持続的なものであるべきだと考えた。では、持続的な幸福とはいったい何なのか。そう考えを進めたとき、それは『希望』ではないかと気づいた」

地域の希望総合指標

	スコア	順位
北海道	11.56	25
青森	10.72	45
岩手	11.39	35
宮城	12.12	7
秋田	10.29	47
山形	10.90	44
福島	11.64	20
茨城	11.47	29
栃木	11.61	21
群馬	11.57	24
埼玉	12.08	10
千葉	11.77	17
東京	12.41	3
神奈川	12.40	4
新潟	10.94	43
富山	11.41	31
石川	11.89	13
福井	11.34	36
山梨	11.29	38
長野	11.68	18
岐阜	11.33	37
静岡	11.79	16
愛知	12.21	5
三重	11.53	27
滋賀	12.10	9
京都	11.94	12
大阪	12.17	6
兵庫	12.11	8
奈良	11.67	19
和歌山	11.25	39
鳥取	11.12	41
島根	11.40	33
岡山	11.61	21
広島	11.97	11
山口	11.13	40
徳島	10.70	46
香川	11.56	25
愛媛	11.41	31
高知	11.10	42
福岡	12.53	2
佐賀	11.44	30
長崎	11.40	33
熊本	11.87	14
大分	11.51	28
宮崎	11.61	21
鹿児島	11.80	15
沖縄	13.12	1

（「地方創生の希望格差」を基に作成）

今回の調査では、住民の胸にある「希望」を可視化するため、「地域の未来を明るいと思っているかどうか」「地域の未来を考えることが楽しいかどうか」という二つの切り口を設定。それぞれを複数の具体的な設問であぶり出した。

そこで見えてきた「希望」の格差には、住民が「希望」を強く持っている地域ほど「地元への定住」や「挑戦」「地域への貢献」「若い世代の応援」といったことへの意欲や思いが強いという傾向があった。

「地域の希望」と人口減少の関係はあくまでも相関関係であり、因果関係ではない。島原は、どちらがニワトリであり卵であるかは別にして、人口減少→「地域の希望」低下→人口流出→人口減加速→「地域の希望」ますます低下――という負のスパイラルが起きている現状を推測する。

「未来のことを考えて楽しそうと思えるかどうかが人間の行動を変える。ご機嫌な感じで地域を見ている感覚が『希望』ということ。秋田は十年後もっと寂れているなんて思って、『希望』が持てるはずはない」

おおらかな社風、人を呼ぶ

レポート「寛容と幸福の地方論」三部作を軸に、話を進める。

「ライフルホームズ総研」の所長、島原万丈（五八）らが二〇二一年に発表した三部作第一弾の「地方創生のファクターX」は、地域の人口の社会増減を左右する隠れた要素として「寛容性」をあぶり出した。

全国二万七千四百人を対象とするインターネット調査から統計的に有意な結果として見えたのは、地元住民が寛容だと感じている地域ほど、地元を離れたいという思いが弱まり、東京圏へ出て行った若者は地元に戻りたがるという傾向だった。言い換えれば、地域の寛容性は住みたい地元をつくるかぎになり得るということだ。

そして、調査結果を都道府県別に見たとき、秋田の寛容性は全国四十六位。若い世代の女性が特に地域の寛容性を低く評価しているという結果が突きつけられた。

「寛容性は、『地方創生』が見落としてきた重要なパーツ。トップから意識改革し、若者や女性を信頼する、彼らの価値観を否定せず尊重するという態度を心がける必要がある」。島原はそう指摘する。

若干名の社員採用に対し大手企業からの転職を含め毎年百人以上が応募し、全国から優秀な人材が集まる。そんな中小企業が岡山市にある。醸造機械・プラントメーカーの「フジワラテクノアート」だ。

一九三三年に創業し、こうじづくり機械の国内シェア八割。社員約百五十人のうち女性が約三十人で、その多くがキャリアを積んで管理職になることを希望している。

在住者の寛容性

	順位
北海道	7
青　森	43
岩　手	40
宮　城	14
秋　田	46
山　形	44
福　島	42
茨　城	27
栃　木	24
群　馬	19
埼　玉	5
千　葉	4
東　京	1
神奈川	2
新　潟	38
富　山	45
石　川	35
福　井	37
山　梨	36
長　野	39
岐　阜	28
静　岡	15
愛　知	13
三　重	26
滋　賀	16
京　都	11
大　阪	3
兵　庫	6
奈　良	17
和歌山	31
鳥　取	29
島　根	47
岡　山	23
広　島	10
山　口	21
徳　島	41
香　川	30
愛　媛	25
高　知	12
福　岡	8
佐　賀	34
長　崎	20
熊　本	22
大　分	18
宮　崎	32
鹿児島	33
沖　縄	9

（「地方創生のファクターX」を基に作成）

技術部係長の山根久美子（四〇）は、出産、育児休暇をへて現場復帰した一人。小学三年の子どもを育てながら機械設計の業務に携わる。「一時間単位で取得できる有給休暇制度は本当に助かる。次々に制度ができて、どんどん働きやすくなっている」

社員のワーク・ライフ・バランスを支援するための多彩なしくみが備えられている。▽保育園の預け先確保の支援▽子どもが小学校を卒業するまで利用可能な短時間勤務（六時間）や看護休暇▽育児休暇とは別に男性社員が配偶者の出産時に取得できる五日間の休暇……。いずれも、社員の声を踏まえてつくられた。

経営の中枢を担い、こうした制度の整備を進めた副社長の藤原加奈（四六）は語る。「自分も二人の子どもがいて子育てと仕事の両立に苦労したので、みんなの気持ちがわかる。どういう制度があったらいいのか、社員と一緒になって考えてきた」

社員と談笑する副社長の藤原（中央）。社員一人ひとりに寄り添い、意見の言いやすい職場作りに努めてきた（2024年5月31日、岡山市・フジワラテクノアート）

会社の歩みには大きな転機があった。二〇〇〇年、当時社長だった藤原の父が不慮の事故で死去。妻恵子（七三）が急きょ社長に就任した。首都圏の大学院を修了し大手食品メーカーに就職した藤原は、二〇〇五年にフジワラテクノアート取締役、二〇一五年に副社長に就いた。

男性社員中心の製造業。家業を継ぐと決め、藤原は「いい会社」にしていくと社員の前で宣言した。「だから、『いい会社』って何なのか、ずっと突きつめて考えた」

試行錯誤のなか、社員一人ひとりに寄り添い、悩みや困りごとに耳を傾けた。「百五十人の会社なので、社員それぞれの顔が見える。職場や家庭で何かあったとき、何となく顔つきでわかる。そんなときにちょっとした声がけをするとかがとても大事」

そして、意見の言いやすい職場づくりを進めた。「社員からの自発的な提案には基本的に反対しない。寛容に接することで自発的に仕事に取り組む社員が増えれば、企業価値を高めることにもつながっていく」

社内の議論はベテラン、若手を問わず率直に行われる。数年前、入社したての若い社員から「野球部をつくりたい」と声が上がり、さっそく部を発足させた。「小さなことでも、自分が言ったことが実現するとモチベーションにつながる。意見を言いやすい環境づくりというのは、特に若い社員にとって大事だと思う」。ここ数年、入社三年以内の離職者はほとんどいないという。

築いてきた風通しのいい社風と、育児支援などの充実したサポート体制。二〇二三年度は男性社員も八人が育児休暇をとった。社員たちは「『お互いさま』の風土がある」と口をそろえる。

技術部係長の山根は育休を取得中、同僚からたびたび連絡をもらったことが忘れられないという。「休んでいても一人じゃないという感じがした」

県外の大手企業からの転職も多く、ここ数年力を入れている社内のデジタルトランスフォーメーション（ＤＸ）は、中途入社したＩＴスキルのある女性社員を起点に進めた。自主的にプログラミング言語を学ぶ社員もおり、三年間で二十一のデジタルシステム・ツールを導入。二〇二二年に日本DX大賞の中小規模法人部門、二〇二三年には経済産業省のDXセレクションでそれぞれ最高賞を受けたほか、従業員やその家族、仕入れ先などを大切にする企業をたたえる「日本でいちばん大切にしたい会社大賞」の審査委員会特別賞も二〇二三年に受賞した。

藤原は実感をこめて語る。「社員一人ひとりを大事にして愛情をかけるといい方向に成長していくのは、子育てと一緒。生き生きした環境をつくっていけば人が集まってくる。そういう会社づくりはこれからも大事にしたい」

「遊び」がワクワク生んだ

北海道のほぼ中央にある人口約八千五百人の東川町が「写真の町」を掲げて四十年になる。大分県発祥の「一村一品運動」が全国に広がった一九八〇年代初め、町は観光分野の底上げによる地域づくりを模索した。「地元の温泉でロックコンサートを」などさまざまな案が出るなか、札幌市の企画会社から「写真という文化で町の魅力を高める」という提案があった。

当時、町商工観光課の職員としてアイデア出しに加わっていた山森敏晴（七五）は振り返る。「写真文化は世界共通。観光客はみんなカメラを持ってくる。自然が豊かなのは北海道ならどこにでもある話だが、世界のどこにもない『写真の町宣言』をしたらうまくいくんじゃないかと話が進んだ」

町は一九八五年、「写真の町」を宣言し、翌年、関連の条例を制定。国内外の写真家に贈る「東川賞」の創設や「東川町国際写真フェスティバル」の開催など、矢継ぎ早に施策を打った。とはいえ、元々写真にゆかりがあった土地でもない。町内は賛否両論だった。

「みんな食べていくので精いっぱい。文化に金をかけるより生活のために使ってほしいと思うのは当たり前。それでも僕たちは東川町の存在を外に知ってもらうために一生懸命やるしかなかった」

「ライフルホームズ総研」の一連のレポート「寛容と幸福の地方論」は、二〇二二年発表の第二弾「〝遊び〟からの地方創生」で、娯楽や趣味、スポーツ、芸術・文化など「遊び」の持つ力に着目した。

前年のレポート「地方創生のファクターX」の調査で、地域の寛容性が文化水準の満足度と強い相関関係にあることが判明したのを手がかりに、「遊び」と寛容性のつながりについてさらに考察を進めた。

全国一万人を対象とするインターネット調査や学術的な論考などを通じ、次のような知見を導きだした。

▽人口規模が小さくなるほど「遊び」の経験度が低くなり、地方都市と大都市との間で「遊び」の格差が広がっている

▽仕事だけではなく「遊び」も東京一極集中の要因であり、特に若い女性が東京を離れない理

由に地方の「遊び」環境の不足がある

▽芸術・文化や創造性に親しむ「遊び」は、個人の寛容性に大きな影響がある

もちろん、一九八〇年代の東川町がこうした知見を基に「写真の町」づくりを目指したわけではない。しかし、その後の町の歩みは実際、「遊び」を軸に好転していった。

「写真の町」担当職員となった山森は、国際写真フェスティバルの協賛金を得るため首都圏の企業や写真関連団体を回った。「三年もたてばやめるんだろう」。そんな言葉をぶつけられながらも粘り強くあちこちに足を運んだ。理解を示し参画する町外の企業や団体が増え、観光客も増加していった。

一九九一年には「写真の町」事業に懐疑的な町長が就任。町民の意思を問うべく、町はアンケートを実施した。

「いままで通り進める」「テーマを写真以外に拡大する」「やめる」といった選択肢のなかで、町民の支持が最も集まったのは「町民参加型で進める」だった。

一九九四年には、町の名を全国に知らしめる大きなステップとなる「写真甲子園」が始まった。国際写真フェスティバルでの高校生向けイベントをきっかけにスタート。地方予選を勝ち抜いた全国十八校から高校生三人ずつが本戦に参加し、夏の東川町に一週間滞在して撮影に挑む。

町の「写真の町課」職員で学芸員の吉里演子《ひろこ》(三六)は、大阪市出身。高校三年だった二〇〇五年、写真甲子園の本選に出場した。「東川の人はカメラを向けると自然に受け入れてくれた。町全体

が私たちを迎え入れてくれる雰囲気だった」

高校を卒業し大阪芸術大に進学した後はボランティアとして写真甲子園の運営に関わった。「夜遅くまで役場の人たちが打ち合わせをしていて、この人たちのおかげで写真が撮れていたんだと感銘を受けた」。大学の卒業制作でも町に通い続けた。「住んでいる人がみんな、自分の言葉でまちの魅力を語っていた。そんな人たちと三百六十五日を一緒に過ごしたら、どんな人生が待っているだろうとワクワクした」。二〇一〇年に町職員となって移住。現在は自ら設立した小中学生向けの「写真少年団」で講師も務める。

写真甲子園への出場がきっかけで東川町に移住した吉里（2024 年 5 月 14 日、北海道東川町）

写真甲子園は、町民投票による特別賞創設や町民宅への参加選手のホームステイなど、町内全体を巻きこんだ取り組みがさらに広がった。二〇〇二年には景観条例を定め、公共空間の美観が整えられていった。

「以前の私は『アンチ写真の町』だった」。町職員出身で二〇一三年に町長に初当選した菊地伸（五六）は言う。農家出身の菊地にしてみれば、「農業のためになっているのか、産業のために役に立つのか」という疑問が拭えないのが「写真の町」という施策だった。

転機は、「写真の町」を発案し企画・運営を担ってきた札幌の会社の二〇〇五年の倒産。町がすべての運営を担うことになり、菊地は会場の責任者として事業に深く関わった。

「写真甲子園を自分ごととしてやりきったときに、考えが変わった。これは必要だと、発展性があると」

二〇一四年に町は新たに「写真文化首都」を宣言。一九九〇年代前半に約七千人だった人口は、その後の三十年間で移住が相次ぐなか、二割増えて現在の約八千五百人に至る。

菊地は言う。「町民と歩んできた四十年の成果がいま表れている」

吉里もこう語る。「東川の今後を楽しみにしていきたい気持ちが、わっと湧き出るときがある。そういう話をどんな立場の人ともできる町だと思っています」

行動なければ変わらない

秋田市の戸島啓子（六一）は二十代から長く、病気の親の介護をしてきた。二〇〇六年までに母と父を亡くし、その後鬱々《うつうつ》とした日々のなかで、一つの出合いがあった。

二〇〇九年、秋田市に誕生したプロバスケットボールチーム「秋田ノーザンハピネッツ」。翌年秋のプロリーグ参入当初から観戦し、スピードと迫力、老若男女が熱狂する会場の雰囲気にのめりこんでいった。娯楽に乏しいといわれてきた秋田で見つけた異世界。「秋田が盛り上がっていく可能性を感じた」

「住民が自分の地域に希望を持つためには、地域がいい方向に進んでいるという『変化』を感じられることが大事」。「ライフルホームズ総研」所長の島原万丈（五八）は言う。

日々の生活のなかで住民が感じる「地域の希望」について島原らが二〇二三年行った調査で、秋田は全国最下位だった。人口の増減率との強い相関関係も示された「地域の希望」。この結果に向き合い、われわれの足元を見つめたとき、島原が指摘する「変化」を体現する事例が浮かぶ。

ハピネッツだ。

運営会社秋田ノーザンハピネッツの社長、水野勇気（四一）は、二十一歳だった二〇〇四年に東京から国際教養大に進学し、秋田と出合った。

「いいところなのに、元気がなくてもったいない」。大学生活を送るうちに強まっていった思いは、二〇〇六年の留学時、具体的な行動に結びつく。

2023–2024 シーズン最終戦で、ボードやタオルを掲げて声援を送るハピネッツのブースターたち（2024年５月５日、秋田市の CNA アリーナ）

　オーストラリア・グリフィス大でスポーツマネジメントを学ぶなか、湯沢市の有志が秋田でプロバスケチームをつくろうと活動しているのを知った。現地ではラグビーやクリケットのプロスポーツ観戦が市民生活に溶けこんでいた。秋田にプロチームがあれば活気につながるのでは。そう考えた水野は、湯沢市の有志に手紙を書き、帰国後に活動をともにするようになった。

二〇〇七年にリーグへの新規参入を申請したが、資金計画などがネックとなり却下された。秋田市に活動の拠点を移し、再起を図る。活動を支えたのは、その情熱に心を動かされた県民だった。

定職を持たない水野に、ある人は住宅を格安で貸し、ある人は米や野菜を提供した。「お金もないのにプロチームを立ち上げたいなんて夢を語る若造を、秋田の人は優しく応援してくれた」

水野は県外のプロバスケチームの運営手法や県内市場の特性を徹底的に研究した。署名活動や企業からの資金集めに走り回り、再びリーグ入りを申請。二〇〇九年、ついに参入が決定した。県民からの公募を基に決まったチーム名は、幸福＝ハピネスに由来する。

秋田ノーザンハピネッツ社長の水野

翌二〇一〇年にシーズンが始まると、瞬く間に人気がはじけた。ホーム戦の観客席はチームカラーのピンクに染まり、一体感のある熱い応援スタイルは「クレイジーピンク」と呼ばれるようになった。

リーグでも有数の人気球団に成長し、二〇二三～二〇二四年シーズンは一試合平均の入場者数が四千人を超え、過去最多を記録した。事業展開はバスケの枠にとどまらず、クラフトビール醸造や飲食店経営など多角化。二〇二三年は由利本荘市の道の駅岩城を指定管理者としてリニューアルオープンさせた。

二〇二四年からは、県の「若者チャレンジ応援事業」の運営に国際教養大などと連携して携わり、若い起業家を育てる試みにも乗りだす。背景にあるのは、水野の強い危機感だ。政府の研究機関による将来推計では、二〇五〇年の秋田の人口は五十六万人で、高齢化率は五割に達する。「若者がもっと挑戦でき、新しい事業を起こせるようにしないとまずい」

「秋田にプロチームなんてできっこない」。ときにそんな声を浴びながらも県民とともにチームを育て上げ、「変化」を生み続ける水野。「行動を起こしていく風土をつくりたい。行動がなければ、何も変わりようがないですから」

資金力が戦力に直結するプロバスケの世界。草の根の活動から生まれ、親会社を持たずに一定の成績を残し続けているハピネッツは、リーグ内で希有《けう》な存在だ。県民球団としての安定経営を理念に掲げる水野は「地域に根づいていくなかで勝てるのが一番の理想。その追求に終わりはない」と言う。

チームを応援するブースターたちもその価値観を共有している。

ハピネッツは二〇一六～二〇一七年シーズンに不振を極め、リーグ二部への降格という苦杯をなめた。すでに熱烈なブースターとなっていた戸島は、残留プレーオフで敗れ涙に暮れる選手たちを目の当たりにし「見捨てちゃいけないと強く思った」。二部で過ごした翌シーズン、戸島は練習試合も含めホームとアウェーすべての試合に足を運び、応援に声をからした。

このころ始めたSNSを通じ、県内外のバスケファンとつながりを持つ。全国各地のアウェー戦では他チームのブースターと交流し、現地の食を楽しむ。

「世界が広がった」。ハピネッツを夢中で応援するなかで戸島は、人生が豊かになったことを実感している。

変わり続ける、その先に「希望」

秋田市の男性（六八）は二〇二四年六月四日夜、パソコンに向かってオンラインゲームを始めた。その模様をいつものようにネット上でライブ配信すると、たちまち百人を超える視聴者が集まり、「がんばって」などのコメントが画面に並んだ。

男性は、秋田県内の高齢者でつくるｅスポーツチーム「マタギスナイパーズ」の一員。かつての愛車にちなむ「ｍａｒｋ25」を名乗り、シューティングゲームにのめりこんでいる。「どうしても勝ちたい。負けると自分のふがいなさが悔しい。プレー中以外も考えて考えて、夢に出てくるときもある」

マタギスナイパーズは、市内のＩＴ会社「エスツー」が二〇二一年に立ち上げた。六十～七十代半ばの男女十人が参加している。

男性は六十五歳で仕事を辞めたとき、趣味のパソコンやレコード収集を中心にのんびりと老後を過ごすつもりだった。しかし、マタギスナイパーズの発足を知った妻から参加を勧められ、その予定は大きく変わった。

「しょせんはゲーム」と高をくくっていたが、プレーの迫力や複雑さに打たれ、たちまち没頭。週五日、四時間ずつの合同練習に加え、自主練習も欠かさない。「ライブ配信では『がんばってる姿がいい』『体に気をつけてください』なんてコメントをもらうんですよ」。照れ笑いを浮かべる。

オンラインゲームを舞台に仲間と研鑽《けんさん》を積む、かっては想像もしなかった日々。「年をとってもやることはまだまだいっぱいある。自分の好きなこと、新しい分野に挑戦できる。若い人たちがわれわれを見て『ああいう年寄りになりたい』って思ってくれるなら、それもいいよな」

「柔軟で感性が若々しい元気な高齢者は、未来に希望をもたらす存在になりそうだ」。「ライフルホームズ総研」の所長、島原万丈（五八）は、レポート「地方創生の希望格差」にこう記した。人口減が進むなかにあっても将来への希望が大きい層は、希望の小さい層に比べて「感性が若々しい元気な高齢者が増えた」とする回答が二倍以上多い。そうした結果に基づく見解だ。

さらにレポートは、地域で何かを始めようとする若者と年配層をつなぐ中高年の存在が重要だとも指摘する。

秋田県内外で薬局六十二店舗を展開する「サノ・ホールディングス」の社長で、秋田商工会議所の副会頭を務める佐野元彦（六九）は、若手起業家の支援に熱心な顔も持つ。

プロバスケットボールチーム「秋田ノーザンハピネッツ」の立ち上げに際しては資金集めに協力し、自分より一回り上の経営者らに頭を下げて回った。いまも運営会社の会長として社長の水野勇気（四二）を後ろから支える。

薬に関する事業で二百三十年の歴史を刻む自社の歩みに重ね、自らの役割についてこう語る。

「当社は地域が元気であってこその会社。新しいこと、興味深いこと、社会課題解決に取り組むような人を積極的に応援しようと思っている」

「変化をくり返しながら二百三十年やってきた。組織の持続可能性は変化や変革の上にあるが、

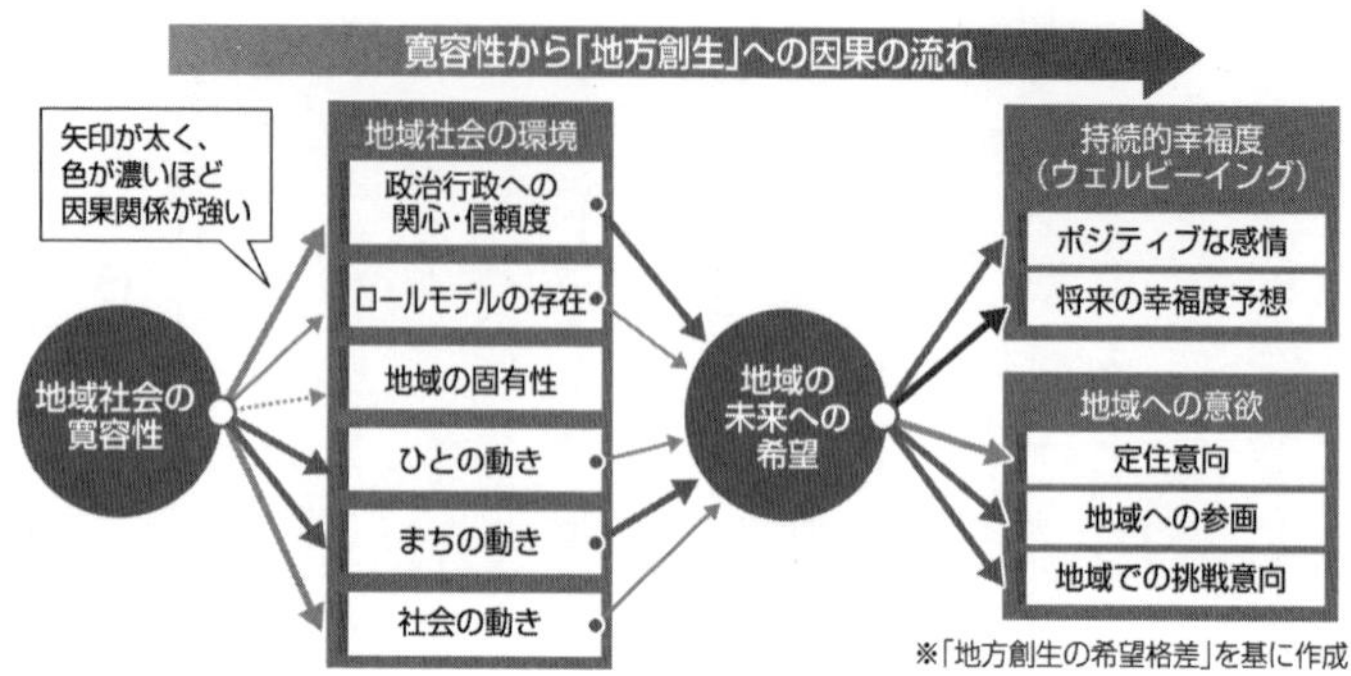

※「地方創生の希望格差」を基に作成

人間の想像力には限界がある。地域や性別、年代などまったく違う環境で育ってきた人の知見や考えを入れないと、変化・変革は起きない」

高齢者が果たしうる役割の大きさと、それを地で行く身近な動き。こうした姿は、秋田の今後を考えるうえでの、よすがとなるものだ。

そのうえで、島原は「寛容性や多様性は、地方にとって死活問題だと心得た方がいい」と改めて強調する。

寛容性が「地方創生」にどう影響を与えるのか。調査を基に、島原がチャート「寛容性から『地方創生』への因果の流れ」にまとめている。

まず、寛容性が地域社会の環境に与える影響としては、「政治行政への関心・信頼度」「ロールモデルの存在」「ひとの動き」「まちの動き」などへの効果が認められた。チャートで特に矢印の色が濃い「ひとの動き」「まちの動き」に対しては、与える効果がとりわけ大きい。

そこから「地域の未来への希望」への流れでは、「政治行政への関心・信頼度」と「まちの動き」からの影響が大きかった。一方、自然環境の豊かさなど「地域の固有性」から「地域の未来への希望」への因果関係はほぼ見られなかった。

さらに、「地域の未来への希望」がその先にもたらす影響の度合いが大きかったのは「持続的幸福度（ウェルビーイング）」と「地域への意欲」で、矢印に示された項目への因果関係が見られた。

これらから、島原は次のような構図を読み取る。

住民が地域の寛容性を認めることでまちを見る目が変わり、地域の未来に対し希望という感情が芽生える。希望は個人の持続的な幸福を実感させ、地域へのポジティブな意欲や態度を生み出す力になる――。政府が旗を振る「地方創生」には登場することのなかった視点だ。

島原は言う。

「若者や女性、子ども、少数派など変化を起こしていく層を地域として応援しているんだという姿勢を積極的に示す必要がある。『地方創生』はもう少し遊び心を持って取り組んでもいい。希望をつくるのは、未来に対するワクワク感なのだから」

第九部　リーダーよ起《た》て

首長は国の「中間管理職」なのか

「政府として責任を持って対応する」

二〇二〇年二月二十七日、首相の安倍晋三は官邸での新型コロナウイルス感染症対策本部会合でこう述べた。全国の小中高校や特別支援学校を臨時休校にするよう要請。感染者が国内でも出始め、「対応が後手後手」と野党から批判が相次いでいた。年度末まで一カ月を残して授業を打ち切るという要請に、学校現場は混乱に陥った。

首相が一斉休校を要請するという行為に法的根拠はない。法治国家として極めて異例であり、政府内にも異論があるなかでの奇手だった。

全国ほとんどの都道府県が要請に従うなか、数少ない例外だったのが島根県だ。

安倍による要請の翌二十八日に開かれた県議会で知事の丸山達也（五四）は、早期収束に向けた重要な時期だという政府の認識は理解していると語ったうえで、こう述べた。

「生徒の学習の遅れ、休校時の家庭の負担を最小限とするため、臨時休校の開始は、県内での感染例が判明した場合にできる限り速やかに行う」。ただちに要請に従う考えはないという宣言だった。

「あの知事は何を考えているんだ」

二〇一五年四月五日、官房長官の菅義偉（七五）は、在京メディアの那覇支局記者の携帯に電話し、不満をあらわにした。那覇市内のホテルで沖縄県知事の翁長雄志（当時六四）と初めての会談を終えた直後のことだ。

前年十一月に初当選した翁長は、米軍普天間飛行場（宜野湾市）の移設問題をめぐり政府と対立の渦中にあった。会談で翁長は、県内移設への理解を求める菅に対し、激しい口調で政府批判を展開する。

「日本の政治の堕落ではないか」「問答無用という姿勢が感じられる」。会談後の会見では「沖縄県民はヤワではないと伝えた。平行線だったが、言いたいことは言った」と振り返った。菅が電話で口にした不満は、翁長のこうした姿勢に向けられたものだ。

翁長は二〇一八年に病没。後継候補として当選した知事、玉城デニー（六四）はいま、政府が拡大しようとしている自治体への「指示権」に懸念の声を上げる。「地域の実情を踏まえた独自の取り組みを阻害することがないよう、また憲法で保護された地方自治の本旨、地方分権改革により実現した国と地方の対等な関係が損なわれることがないよう、運用の明確化などが講じられるべきだ」（二〇二四年四月十二日の知事会見）

地元の状況を踏まえて是々非々で政府と向き合い、言うべきことを言う。こうした姿勢でリーダーシップをとる都道府県や市町村の首長は、実際にはまれな存在だ。

「住民のためになるかどうかを真剣に考えるよりも、政府の言うことに従ったほうが楽だと。そういう安易なやり方に慣れてしまった」。半世紀にわたり地方自治の世界に身を置き、政府と自治体の双方に精通する元総務大臣の片山善博（七二）は、政府を行政機構の頂点ととらえ、中

鳥取県知事や総務大臣を務めた片山（2024年6月5日、東京都の大正大地域構想研究所）

間管理職のように首長が振る舞う状況が深刻化していると指摘する。

自治官僚出身の片山は一九九九年に鳥取県知事に転じ、二期八年務めた経験を持つ。翌二〇〇〇年に施行された地方分権一括法は、それまで「上下・主従」だった政府と地方の関係を「対等・協力」に改めるものだった。

「改革派知事」の一人に数えられた片山は当時、震災からの住宅復旧支援制度を鳥取独自に制度化するなど、ときに政府の強い反発に遭いながらも、地域の自主自立を体現する県政を進めた。各省庁からの通知への対応は、地域のためになるかどうかを吟味して決める。そうした意識を職員と徹底して共有した。

しかしいま、都道府県や市町村の首長たちに、そうした気概は薄れたと片山は感じている。「首長が中間管理職のようになれば、現場のニーズに合わない行政を展開しがちになる。それは住民にとって不幸なことだ」

「自治体が自ら考える力を失っていないか」。著書などでそう警鐘を鳴らし続けてきた片山にとって、首長たちの「中間管理職化」は二〇一四年からの「地方創生」で加速したように映る。

政府が立てた人口目標に沿うかたちで自治体が計画をつくり、政府が認めた事業に交付金が支給され、施策を打つ。こうしたしくみがくり返されるなかで、政府と自治体の主従関係は強化されてきた。

「地域の実情を知らない人たちが東京で決めるよりは、地域の当事者たちが決めたほうがいい。それが地方自治の基本だ」と片山は言う。

「首長は地域本意で地元の利害をしっかり政府にぶつけることができる人でなければ務まらない。たとえ政府ににらまれても、住民のために行動する。そのミッションを失った首長が増えたということでしょうね」

経営戦略にたけた首長がいた

少子高齢化に直面しながら、ここ二十年で子育て世代が集うまちに生まれ変わった自治体がある。東京都心から約二十五キロ、千葉県北西部に位置する流山市だ。

二〇〇四年に約十五万人だった人口は、二〇二四年には約二十一万人に増加。二〇一六～二〇二一年の人口増加率は全国七百九十二市のなかでトップとなった。二〇〇四年には五十～六十代が最も厚かった人口構成は現在、三十～四十代がピーク。子どもの数は団塊の世代を上回り、地域全体で若返りが進む。

変化をリードしたのは、二〇〇三年から市のかじ取りを担う市長、井崎義治（七〇）。

流山市のキャッチコピー「母になるなら、流山市。」のポスターを背に立つ市長の井崎（2024年6月4日、流山市役所）

民間企業出身の井崎は、徹底した経営戦略を市政に持ちこんだ。市長になってすぐ、市の強み、弱み、機会、脅威を考察する「SWOT分析」を実施。その結果、「強み」としては緑の多さ、「弱み」には知名度の低さ、「機会」として二〇〇五年のつくばエクスプレス開業、「脅威」には少子高齢化の進展による財政見通しの厳しさがそれぞれ浮かんだ。

このまま高齢化が進めば、行政サービスが維持できなくなる——。流れを変えるべく井崎は、若い世代に選ばれるまちづくりを市政の根幹に置いた。

二〇〇四年、市町村では全国初となるマーケティング課を設置。公募で選んだ民間企業出身者を課長に据え、目指す都市像を「都心から一番近い森のまち」と設定。「共働きの子育て世代」をメインターゲットに、定住人口の呼びこみを強力に推進した。

知名度の低さを克服するため、「母になるなら、流山市。」「父になるなら、流山市。」というキャッチコピーで市を売り出し、保育所の整備を進めた。共働き夫婦が悩む子どもの送り迎えをサポートするため、駅前ステーションに預ければ専用バスで保育園に送迎するサービス網を構築。つくばエクスプレスで都心から二十分程度という立地もあり、都内から子育て世代が大量に流入した。

井崎は言う。

「マーケティングを行う組織は自分たちのどこに問題があり、誰のどういうニーズに応えるべきかが明確だ。自分のまちの優位性と危機感、弱みを整理して長期計画で何をすべきか考えることをしない行き当たりばったりの行政では、税金の無駄遣いになる」

二〇〇四年にマーケティング課を設置するにあたり、井崎は市職員の勉強会を開いた。しかし、「行政は市民に公平公正であるべき」「市役所は市民のためにある」といった考えが職員には根強く、「行政がなぜマーケティングをやらなければいけないのか」と反発の声が上がったという。

「私のことを宇宙人のようだという職員もいた。それまでの行政とあまりに違うので理解できなかったのだと思う」。井崎は当時をこう振り返る。

「若い世代向けに施策が偏っていいのか、いままで税金を払ってきた高齢者を無視しないでほしい、といった声もあった。だが、高齢社会を支えるために必要な取り組みだと言い続けた。ビジョンを示し、それを実現するための政策を説明すればシルバー民主主義は超えられる」

井崎は東京・杉並生まれ、千葉県柏市育ち。米国の大学院で地理学の修士課程を修了している。一九八九年に流山市に移り住むまでサンフランシスコやヒューストンで都市計画やエリアマーケティングに関わる仕事をしていた。

米国での地域づくりは、二十年、三十年単位で将来を考えることが当たり前に行われていた。「市長任期の四年ごとに考えていたのではまちは発展しない。長期的な視点でまちづくりを進める必要がある」

井崎は自らを政治家ではなく、自治体経営者と称する。日本の行政には経営戦略の視点が欠けているという持論から、地域のリーダーに求められる姿勢をこう解説する。

「問題意識とビジョン、政策を研究する熱心さ。この三拍子が必要だ。『政策なきビジョンは絵空事、ビジョンなき政治は衰退・滅亡』だ」

有権者にも注文をつける。「まちの未来に対して明確な問題意識を持っている人材、そしてそれに対する処方箋を考えている人を選ばないといけない。組織票で首長を生んでいる限り、地域の未来は変えられないのではないか」

そして、「地方創生」という政策についても、こう述べる。「知恵も物資も有効なお金も出さずに人口減の責任だけを地方に転嫁した。国は本気ではないし、国策として何も見えてこない。国としての機能不全を如実に物語っている」

「日本全体で急速に人口減が進むなか、単純に定住人口だけを追い求めても増やすのは難しい。自治体単位で目指すべきは、交流人口を増やして地域経済を活性化することだ。それがうまくいけば、副産物として定住人口も増えるということがある」

改革の道、みんなで行く

経済誌『週刊ダイヤモンド』が二〇二四年五月に公表した「農協役職員が期待するＪＡグループ幹部ランキング」で、秋田のある農家が二位に選ばれた。

ＪＡのトップを退いてすでに四年がたつ「元幹部」。にもかかわらず全国の現役幹部に交じって上位にランクされたのは、改革派としてのたぐいまれなリーダーシップがいまなお、農業界に広く知れ渡っていることを示す。ＪＡ秋田ふるさと（横手市）の前組合長、小田嶋契《ちぎり》（六〇）が、その人だ。

小田嶋は二〇一四年、五十歳の若さで県内有数規模のＪＡを率いる組合長に就任した。全国的に注目されるようになった一つのきっかけは、自民党の衆院議員、小泉進次郎（四三）との対峙《たいじ》にあった。

田植えを終えてまもない水田に立つ小田嶋（2024年6月6日、横手市杉沢）

二〇一六年十一月、自民党本部で開かれた農林関係議員の会合。党の農林部会長としてＪＡ改革の必要性を主張する小泉に、小田嶋はこう反論した。

「農業をどうすべきかという話をするのであれば、われわれ民間を変えるよりも、法律や制度を根本的に見直すことが必要ではないか。政治家は法律や制度をつくるのが仕事であり、民間をいじくりまわすことが仕事ではない」

次代の総理候補とも目されていた小泉に真っ向から持論を説く姿は全国メディアにも取り上げられ、話題を呼んだ。「農家と地域に信頼される農協にしないといけないのは間違いない。だが、それは上から押しつけられた改革では実現できない。自らの頭で考え、現場から実行していくべきものだ」

農家のため、地域に立脚した自主自立の改革を目指す――。シンプルな信条を実践してきた小田嶋がしばしば「異端の組合長」と呼ばれたのは、一見単純に見えるその理念がＪＡ関係者に広く共有されてはいないことの裏返しといえる。

半世紀にわたり国策として米の生産量を抑えてきた減反制度が終わった二〇一八年。農家は市場の需要に応じた営農を求められることになった。しかし大部分のＪＡは旧来と変わらず米の生産を抑制。農家に対し、政府が用意した交付金を受け取り、家畜の飼料用米を作るよう奨励した。

「これでは、国の交付金に生産者が振り回される構造が温存されてしまう」。減反廃止をにらみ、数年前から危機感を強めていた小田嶋は、反転攻勢の好機に変える戦略を描いた。国内有数の米どころである秋田の利を生かして米の生産を拡大し、交付金に頼ってきた農業経営を断ち切る道だった。

農家とともに選ばれる産地づくりの布石を打ち続けた。農家を回る営農指導員を増やし、減農薬や大粒といった独自性のある米作りを徹底。米卸会社と信頼関係を結び、増産分を上回る購入希望が寄せられるほどの安定した販路を築いていった。

だが、ＪＡを訪れた農林水産省の幹部は小田嶋を詰問した。「こんなに米が余っているのに、なぜ飼料用米を作らないのか」。自分たちが作る米はすべて売り先が決まっているのだと告げても、「あなたのせいで米の値段が下がったらどうするんだ」と激高するばかりだった。

小田嶋はぶれずに農家たちに呼びかけた。「売り先は農協が責任を持って確保する。安心して一枚でも多くの田んぼに作付けしてほしい」

減反が廃止された二〇一八年、横手市内の米の作付面積は前年から二割増えた。増加面積は全国最大。農水官僚の懸念をよそにＪＡ秋田ふるさとは集荷した米の全量を売り切り、農家たちとの約束を果たした。

小田嶋が組合長に就任したのは、「地方創生」の開始と同じタイミングだった。自身が身を置いたＪＡグループのありようと「地方創生」には、共通の陥穽《かんせい》があると見る。「目先の数字ばかりにとらわれ、農家や住民、地域の姿が見えなくなっているのではないか」

地域の農業振興よりも自己資本比率などの経営指標を優先しがちに映るＪＡの現状に、小田嶋は焦りにも似た思いを募らせてきた。秋田県内のＪＡを一つに統合する構想も、農家のためというよりＪＡ組織の延命策に思えた。

小田嶋は二〇二〇年のＪＡ秋田中央会長選挙に名乗りを上げたが、対立候補との間で県内の組合長を二分する混乱が生じ、身を引いた。いまはＪＡの役職から離れ、一人の農家として米作りに従事している。

組合長を務めた六年間で、最も充実感を覚えた活動は地域農業振興計画の作成だという。ＪＡ主導で決める従来のスタイルを改め、生産者との対話からつくり上げる手法をとった。

小田嶋自ら、品目ごとの生産部会の会合に参加した。「みんながこれからどんな営農をしたいのか、夢を聞かせてほしい」。そう語りかけると、農家たちは将来目指したい姿を語り始めた。

「それぞれの理想を、みんなが地域の仲間として共有できた。実現を応援するため農協として何ができるのかもその場で話し合い、進むべき方向性を計画に落としこんでいった」

「早く行きたければ一人で行け、遠くに行きたければみんなで行け」。アフリカのことわざとされるこの言葉を、小田嶋は自身の理想とする地域のあり方に重ねる。

「政府や他の人に任せていて、地域がよくなるわけがない。仲間同士で話し合い、自分たちで考えて行動に移すことが一番大事ではないか。みんなで行くからこそ、遠くに行くことができるはずだ」

副市長室、いつでもウエルカム

二〇一七年、生後まもない子どもと夫の三人で暮らす林有理《ゆうり》（四四）は、大阪府四條畷《しじょうなわて》市が副市長を公募しているというニュースに心動かされた。

大学を出てリクルートに入社し、住宅情報誌『スーモマガジン』編集長を務めるなどして三十三歳で退職。大学院博士課程での研究など五枚の名刺を持って活動し、出産を機に仕事を離れていたときだった。

まちづくりに関わる仕事や研究を通じ、公的機関での仕事に興味を持っていた林。家事の合間にスマートフォンで必要書類を書き上げて応募し、約千七百人のなかから副市長に選ばれた。夫を東京に残し、生後五カ月の子どもを連れて大阪での暮らしが始まった。

大阪府の北東部、人口約五万四千人の四條畷市。この年一月に全国最年少の二十八歳で市長に就いた元外務官僚の東《あずま》修平（三五）は、「市民中心のまちづくり」と「日本一前向きな市役所」を掲げた。さっそく打ち出したのが、市職員のリーダーとして組織改革の先頭に立つ副市長の公募だった。

着任した林は、東と連日対話を重ね、自らの役目を「市長がやりたいことを実現する方向に組織を向けること」と見定めた。

気になるのは、職員の覇気のなさだった。一人ひとりと面談をすると、それぞれにやる気がないわけではなかったが、組織全体となると総じて積極性がないように思えた。

後にわかったことだが、四條畷市は二十年ほど前に財政状況が極度に悪化し、大がかりな行財政改革に乗り出すなかで新規事業を手控えざるを得ない時期を長く経験していた。林が接する幹部級職員は、そのころ若手から中堅だった層で、民間出身の林の目に「覇気がない」と映るのも、無理のない面があった。

副市長の公募に応じた林。2021年に任期満了で退任し、現在は地域づくりの研究活動や自治体の組織活性、人材育成を支援する「有理舎」を主宰する（提供写真）

そうした組織風土のなかにあって林は、市長が掲げる「日本一前向きな市役所」の実現に向け、具体的に動いた。部長級メンバーによる週一回の「経営ボード」を新設。市役所版の取締役会というべきこの会議を軸に、幹部職員の意識改革を進めていった。

以前からあった部長会議は、議論する場というより市長への報告内容の確認が中心。一方、新たな経営ボードでは、市の主要な施策それぞれについて最終的なゴールを設定し、いつまでにどのような作業が必要かをリスト化した。進み具合を毎週確認し、遅れが生じているとすればその問題点を洗い出して共有し、本質的な議論をし合う場を目指した。

反発もあったが、丁寧に意図を説明し、会議のメリットを感じてもらうことに注力した。「各部署が何をやっているのかが可視化されると、互いの理解が深まり協力が進む」。幹部職員との間で生じていたずれは徐々に埋まっていった。それぞれに経営の視点が生まれ、一丸で市を運営する風土が醸成されていった。

挑戦する空気を市役所全体に育てるため、「心理的安全性」と「風通しのよさ」の確保にもこだわった。

組織マネジメントの分野で近年注目が高まっている「心理的安全性」は、安心して自分の意見を口に出せる環境があることを指す概念。個々のメンバーが不安や恐れを感じることなく自由に発言できることがメンタルヘルスを守り、仕事の生産性を高めるという考え方だ。一九九九年に米国で提唱。二〇一二年に米IT大手グーグルが、高い成果を生み出すチームの条件として決定的に重要な要素であると指摘したのを機に、日本でも知られるようになった。

林は「何でもおもしろがる」「相手の言うことを否定せずに聞く」というスタンスを心がけた。副市長室のドアは常に開放し、「いつでも誰でもウエルカム」と呼びかけた。

多くの職員が来室するようになり、会話の機会が持てた。職員の声に耳を傾けるなか、業務上の悩みの多くは人ではなく、しくみや体制に問題があることが見えてきた。職員が何かミスをした際には、個人の責任にせず組織として向き合った。「何でも議論できる心理的安全性が確保された風通しのいい組織であれば、市民の求める施策に向けた議論もできるようになっていく」

こうした市役所内部の変革を背に、具体的な施策を次々と重ねていった。

市職員の力だけでは対処できない問題に、民間企業と連携して施策を打つ「公民連携」や、市長が市内全地区を回り膝詰めで住民と話し合う対話会、ＳＮＳなどを通じた住民への積極的な情報発信……。

組織の頂点に立って強いリーダー性を発揮するのではなく、対話を重視したやわらかなリーダーシップで臨んだ四年間の任期。かつては年間三百人を超えていた人口の社会減は均衡へ向かい、市の意識調査では、市民の「まちに対する愛着度」が向上しているという結果も出た。

林は一連の経験から、変化を生み出し、人を動かすには「温度感や熱量の伴ったメッセージと、共感できるしくみづくり」が必要と指摘する。

「寛容性を持ち、独りよがりにならず先を見据えて決断し、粘り強く説得していく。そんな素質を持ったリーダーが求められていくと思う」

すがらず頼らず、自ら動く

鳥取県知事に就任し二年目の二〇〇〇年十月、片山善博（七二）は自らに何ができるか考えていた。

鳥取県西部地震の際、県災害対策本部で指揮を執る片山（中央、2000年10月12日・山陰中央新報提供）

マグニチュード七・三の鳥取県西部地震が発生。多くの住民が住む家を失った。「地域コミュニティーを守るには、住宅の再建を支援するしかない」

だが、政府は猛反発した。「私有財産に公費を投じるのは憲法違反だ」。そうした論法をかざす政府要人に片山は反論し、支援の必要性を説いた。

議論が平行線をたどるなか、片山は地震から十一日後、県と市町村が分担し最大三百万円を補助する鳥取独自の住宅再建支援制度を発表する。

生活基盤の再建を後押しするため住民の資産回復に公費を投入する画期的な制度は、被災した住民が希望を取り戻す大きなきっかけとなった。憲法違反を主張していた政府は後年、同様の制度を立法化。二〇二四年一月の能登半島地震でも適用された。

「住民のために自ら考え、政府があてにならなければ自ら主体的に実行する。地方のリーダーはそういう気概を持つことが必要だ」

鳥取県西部地震のあった二〇〇〇年は、中央政府と地方自治体の関係を「対等・協力」とする地方分権一括法が施行された年でもあった。片山は自治体が自立的に行動することの大切さを職員に説き続けた。

「国から通知がきたらすぐに従うというのはだめ。鳥取の実情に合うか吟味しないといけない」「『国の補助制度があるからこれができる』ではなく『何に取り組まなければならないか』を考えよう」。片山の呼びかけに応じるように、職員たちは次第に自ら考えるようになった。政府の方針に惑わされず、地域にとって最適な施策を追求する姿勢が生まれていった。

政府は二〇二四年六月、「地方創生」の十年間の取り組みを振り返る報告書を公表。地方への移住者増など一定の成果があったとしたが、政策と関連づける根拠は示されなかった。「人口減少の克服」や「東京一極集中の是正」といった大目標が進展を見せない要因についても、検証や反省はなかった。

片山は二〇一四年に「地方創生」が始まった当初から、実効性の伴った施策に取り組まずかけ声ばかりの政府と、それに唯々諾々と従う自治体の双方に厳しい目を向けてきた。

地方分権が後退し、政府が財源や政策決定の面で主導権を握る中央集権構造がむしろ強まった——。それが、地方自治に詳しい識者たちが口々に指摘する「地方創生」の十年だ。

政府は「二〇六〇年一億人維持」という目標を踏まえて総合戦略をつくるよう自治体に要請。自治体の多くがコンサルに策定を委託し、「金太郎あめ」とも指摘される似通った戦略が全国でつくられた。プレミアム付き商品券は一過性のバラマキとの疑念が指摘されるなか、全国九十七％の自治体が売りだした。

「地方が自分たちで考えず、国にすがったり、ねだったりする姿勢があまりにも強くなってしまった」。地方分権改革以前に逆戻りしたかのような地方自治の現在地に、片山は危機感を募らせている。

地元世論を背景に政府との対峙《たいじ》を辞さなかった知事、自治体経営者を自任する市長、政治や行政に依存しない農業を模索し続けたＪＡ幹部、組織改革に挑んだ民間登用の副市長、そして、地域の苦境を直視し、政府の意向に流されずに独自の施策を打ち立てた知事——。ここまで見てきた各地のリーダーたちは、現場の声や足元の課題に正面から向き合い、自立的に思考し変革を起こす者たちだった。リーダーが果たしうる役割の大きさを、身をもって示す者たちだった。

地方自治を担うリーダーの資質について、片山は大きく二つの要素を指摘する。「国の言いなりではなく、地域の視点に立って政府に言うべきことを言えるか。そして、地域の民意をくみ取り、職員たちのモチベーションを高めていい仕事をしてもらうことができるかだ」

地域の実情に合った施策を生みだすためには、議会や住民との議論をいとわず、柔軟に考えを変えていける姿勢も大切になると説く。片山自身、県議会で議案を修正されることはしばしばで、否決されることもあった。「でもそれは普通のこと。修正の理由は『なるほど』と思うことが多かったし、そうした議論をへて住民にとってよりよい施策ができていくものだ」

自治官僚や総務大臣の経験も持つ片山は「政府や国会議員が地方のことをしっかり考えてくれるというのは幻想だ」と断言する。

「地方分権や地域振興の真の意味は、それぞれの地域の主体である知事や市町村長、議会がしっかりしなければいけないということ。住民には、そういうリーダーを選ぶ責任がある」

第十部

「地方創生」の先に

「ないものはない」離島の挑戦

日本海をフェリーに揺られること三時間。島根県・隠岐地方の離島にある海士町《あまちょう》は二〇二四年六月、海の青と山の緑が鮮やかな季節を迎えていた。

心地よい潮風が吹き抜ける穏やかな時間の流れとは対照的に、船着き場近くの複合施設周辺は活気があふれる。共有スペースでノートパソコンを開いたり仲間とミーティングをしたりと、若者たちが忙しそうに動き回る。

島内を歩くと、あちらこちらで若者たちの活気に出合う。ホテルやグランピング施設で観光客をもてなし、公立の塾では地元高校生の学習をサポート。町内に五軒ほどあるスナックでも、若者グループが楽しそうにカラオケに興じる姿を目にする。

二〇一四年九月の臨時国会。首相の安倍晋三は所信表明演説で海士町を紹介し、「地方創生」のトップランナーとして持ち上げた。

しかし、「地方創生」が始まったばかりのこの時期すでに、離島らしからぬ活気を呼びこんでいた海士町の姿は、「地方創生」の文脈とはあくまでも別個の、町独自の挑戦が生んだものだ。

ないものはない——。都会のような便利さはなくとも、人が生きていくために大切なものはすべてあるという意味をこめた町のスローガンに、その気概はあふれている。

「地方創生」という政策が全国で十年を空費する間、地元の人たちが「還流」や「滞在人口」と呼ぶ新たな人の動きが生まれている海士町。最終第十部は、この町の姿をつぶさに見つめるところから始めたい。

三十三平方キロの島に約二千三百人が暮らす海士町は、若い世代の転入超過率で全国トップの位置にある。

二〇二一～二〇二三年の住民基本台帳人口・移動報告を基にした秋田魁新報のまとめでは、二十～三十代の平均転入超過率は八・八六％で、全国千七百四十一市区町村のなかで二番目に高かった。女性だけに限れば、海士町が全国トップだ。

全国1741市区町村の20～30代転入超過率
(2021～23年の平均)

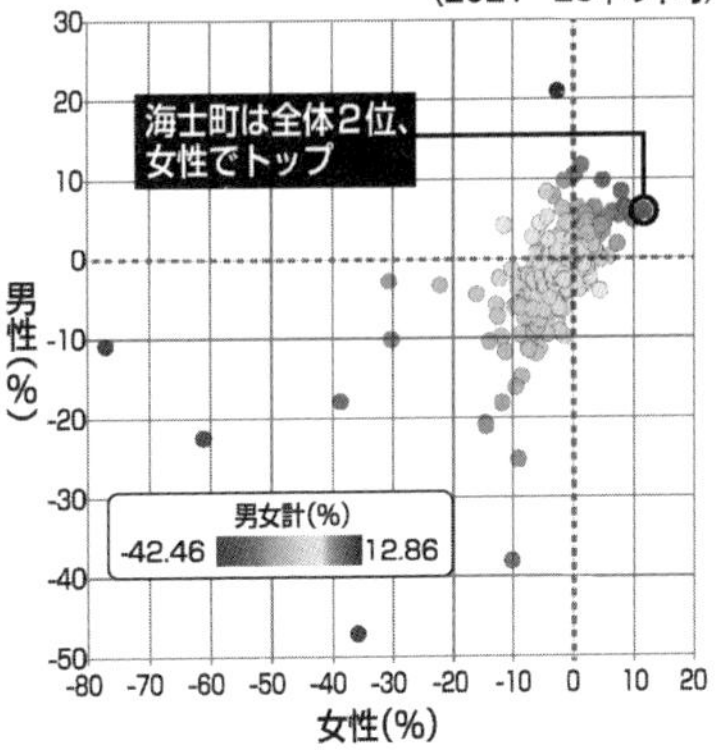

※総務省の住民基本台帳人口・移動報告を基に
秋田魁新報作成

従来のＵＩターンに加え、さらなる呼び水になったのが、二〇二〇年にスタートした「大人の島留学」という事業だ。

島内で働くことを希望する主に二十代の社会人や学生を対象とした、一年間のお試し移住制度。「留学生」たちは一軒家を改修したシェアハウスで暮らしながら、となりの島を含む三町村で観光や情報発信、一次産業などの仕事に従事する。

事業は三町村の官民でつくる「島前《どうぜん》ふるさと魅力

「大人の島留学」について意見を交わす若者たち（2024年6月13日、海士町の複合施設「キンニャモニャセンター」）

化財団」が運営。地域おこし協力隊の制度を活用して留学生に報酬を支払っている。期間が三カ月と短い「島体験」もあり、二〇二三年度は留学と体験に計約百三十人が参加。男女比では女性が七割を占める。

先に挙げた「滞在人口」とは、この事業の展開により、メンバーが入れ替わりながら一定の若年人口が維持されるという考え方を指す。ある意味では、離島をフィールドとする新たな「大学」ができたような状況ともいえる。

留学や体験の期間が終わった後、島に残る選択をする若者も一定数いる。魅力化財団の職員として留学生らのコーディネートを担当する金城茜（二九）は、二〇二二年に三カ月の島体験をし、その後一年間の島留学をへて海士町で就職した。

沖縄県那覇市出身。地元の大学を卒業後、沖縄や福岡で舞台などの仕事に携わった。二〇二〇年からのコロナ禍で仕事が減るなか、ＳＮＳで偶然目にした「かばん一つでできる移住」というキャッチコピーに引かれ、島体験に参加した。

海士町に住み続ける理由は、島暮らしの心地よさに加え「仕事に飽きがこないから」だという。

「『還流』を打ち出しているだけあって、入れ代わり立ち代わり、いろいろな人との出会いがある。毎日が新鮮で、おもしろい」

地域おこしの成功事例と呼ばれることを拒み、「挑戦事例」を自称する海士町の一連の取り組みは、課題解決の連鎖によりもたらされたものだ。

その代表格が「教育魅力化プロジェクト」。近隣三町村で唯一の高校として町内に立地する県立隠岐島前《どうぜん》高校は、二〇〇〇年代に入ってから生徒数の減少が著しくなり、存続の危機を迎えた。

高校がなくなれば地域の衰退が進むと危機感を強めた町は、生徒が「通いたい」、保護者が「通わせたい」、地域が「応援したい」と思える魅力的な学校をつくる事業に乗り出した。

「島留学」と称して全国から入学者を募り、生徒一人ひとりの生活を島民がサポートする「島親」というしくみを整えた。外部の民間人材を巻きこんでＩＣＴ（情報通信技術）を活用した遠隔授業や、地域課題を題材にした探究学習を展開。こうした取り組みが奏功して入学者数はＶ字回復を果たし、高校存続の道を開いた。

しかし、今度は、島留学を経験した卒業生たちが、なかなか海士町へ戻って来ないという課題が浮かび上がった。卒業生たちの声に耳を傾けると「島の現状がわからない」「もっと経験を積まないと帰れない」と言う。

ならば島へ戻るハードルを下げようと始めたのが、期限つきで就労してもらう「大人の島留学」。離島暮らしを気軽に体験できるしくみが卒業生以外の若者の心もとらえ、年間百人近い町内への流入が生まれた。

次なる課題解決の一手も、すでに打っている。大人の島留学事業を続けるなかで、滞在を終えて島を離れた若者との関係性が途切れがちという課題が見えてきた。

そこで、こうした若者や、島を応援してくれる人たちとつながり続ける具体的なしくみとして、いわゆる「関係人口」に当たる「海士町オフィシャルアンバサダー」という制度を考案。二〇二四年五月から本格的にPRしている。

地理条件が不利な離島でありながら、高校を維持し、地域おこしのプロジェクトを次々と立ち上げ、ぐるぐると巡る人の流れを生み出し続けている海士町。「ないものはない」と並び、町のあちこちで目にする言葉がある。

自立、挑戦、交流──。

二〇二四年一月に八十五歳で亡くなった前町長、山内道雄が掲げた町政の指針だ。

一九五〇年に六千九百八十六人いた人口は高度経済成長期以降、減少を続け、二〇〇〇年には二千六百七十二人。年間予算約四十億円の町が約百億円の借金を抱えるようになった。

危機的な財政状況を打開すべく、山内自ら給与を五割カット、職員も最大で三割カットという荒療治を行った。隠岐牛のブランド化や「さざえカレー」の商品化、水産冷凍施設の整備などを進め、現在の町の姿につながる礎を築いた。

平成の合併で単独立町の道を選んだ後、地域課題の克服に果敢に挑み、外部の力を柔軟に取り入れてきた海士町の軌跡に、この三つの言葉はぴたりと当てはまる。

町職員として山内を支え、二〇一八年にバトンを引き継いだ現町長の大江和彦（六四）は、三つのキーワードを踏襲したうえで、伝統を大切にする「継承」と、島民が一丸となる「団結」という二つの言葉を付け加えた。

大江は「地域を動かす大きな挑戦でなくても、小さな挑戦を積み重ね、足元の価値を追求している町民がいる。そういう人たちを置き去りにしてこなかったかという反省があった」と語る。新たな町政指針には「心ひとつに！　みんなでしゃばる島づくり」というサブタイトルを付けた。地元の言葉で「引っ張る」を意味する「しゃばる」に、われこそはと前へ出る「出しゃばる」をかけた。

海士町の地域づくりにおける民間サイドのキーパーソンの一人で、株式会社「風と土と」代表の阿部裕志（四五）も、視線の先は大江と重なる。

京大大学院を修了してトヨタ自動車に入社したエンジニア。大都市・大企業の競争社会に疑問を抱き、二〇〇八年に海士町へ移住した。自ら会社を立ち上げ、企業向けの研修や出版を行うかたわら、町のさまざまなプロジェクトに関わってきた。

「人口が増えることが地域づくりの目的ではない」。阿部はそう言い切る。目指すのは、人口規模が定常化し、次の世代へ祭りや地場産業をつなぐことができるサイクルをつくりあげ、一人ひとりが地域に深く関わり、力を発揮できる「出番」をつくるという道筋だ。

「人口が減ればすべてがマイナスかというと、僕はノーだと思う。一人ひとりの出力や熱量が上がれば、地域の活力は維持できる。正直な話、自分がトヨタのときに持てる力をどれぐらい発揮していたかというと、三十％くらいじゃないか。いまは百％以上。出力全開です」

町長の大江に「地方創生」が始まってから十年の自己評価を尋ねてみた。「挑戦の連続で何とかやってきた。評価する余裕は正直ない」と大江は言う。

一方で、目指す方向性については「若者に選ばれ続ける島。若者とともに日本の未来をつくる島」と即答し、こう続けた。

「高齢者をないがしろにするという意味じゃなくて、これからの未来を考えたとき、小学生、中学生、高校生、大人の島留学生も含めて、若い人たちに選ばれ続ける島でなくては、いずれ消滅するしかない。若い人たちがどんどん流動的に入ってくることで、違う未来が見えてくるんじゃないか」

大人の島留学をへて二〇二二年に海士町役場に就職した清瀬りほ（二五）はいま、総務課に所属し、魅力化財団の仲間とともに大人の島留学やアンバサダー制度の運営に奔走している。

鹿児島県の離島、徳之島町出身。大人の島留学に参加したころから一貫して「いずれは地元に帰る」との思いを持ち続けているという。

海士町で出会う若者には「いずれは地元の力になりたい」と口にする人が少なくない。多くの若者を引きつけるこの島で過ごすうちに、遠い古里への愛着が高まっていくのだろうか——。

清瀬は「正直なところ、ここで骨をうずめるとかは全然なくて……」と言う。ただ、いつになったら地元へ戻ろう、あるいは別の地域を見てみようという具体的なプランがあるわけではない。

「海士町にいると、区切りがないんです。次々と新しいプロジェクトが動き出すので、純粋にいまがおもしろい。終わりが見えないので、ここまでやったら納得というのが、なかなか決められない」

人の流れや循環を地域づくりのエネルギーに変える、海士町の挑戦。出入りの自由度が高い柔軟なしくみと、一人ひとりのチャレンジを後押しする寛容な風土が若い世代の価値観にマッチするなかで、人口安定化への道筋が確かに見えつつある。

島根が開く道、百年記す

百年間、毎年一冊ずつ発行を続ける。そう目標を掲げる雑誌がある。『みんなでつくる中国山地』。島根県邑南《おおなん》町に拠点を置く「中国山地編集舎」が二〇一九年から発行し、これまでに五冊を世に出した。

「のろし号」と銘打った準備号の表紙には、特集のタイトルがこう記されている。「過疎は終わった！」

これまでに刊行された『みんなでつくる中国山地』

「正確にいえば、『過疎は終わりつつある』だとは思っていたけど、中途半端なこと言ってもしょうがないから、言い切っちゃうか、みたいな」。編集舎の中心メンバーの一人、田中輝美（四八）は振り返ってそう笑う。「それに、私たちがどういう地点に立っているのかをはっきり確認したかった。『新しい時代が来るんだよ』と宣言したかった」

田中は島根県浜田市出身。大阪大を卒業後、島根に戻り、地元紙「山陰中央新報」の記者になった。領土問題に地域の視点で迫った大型

都道府県別人口増減率の推移

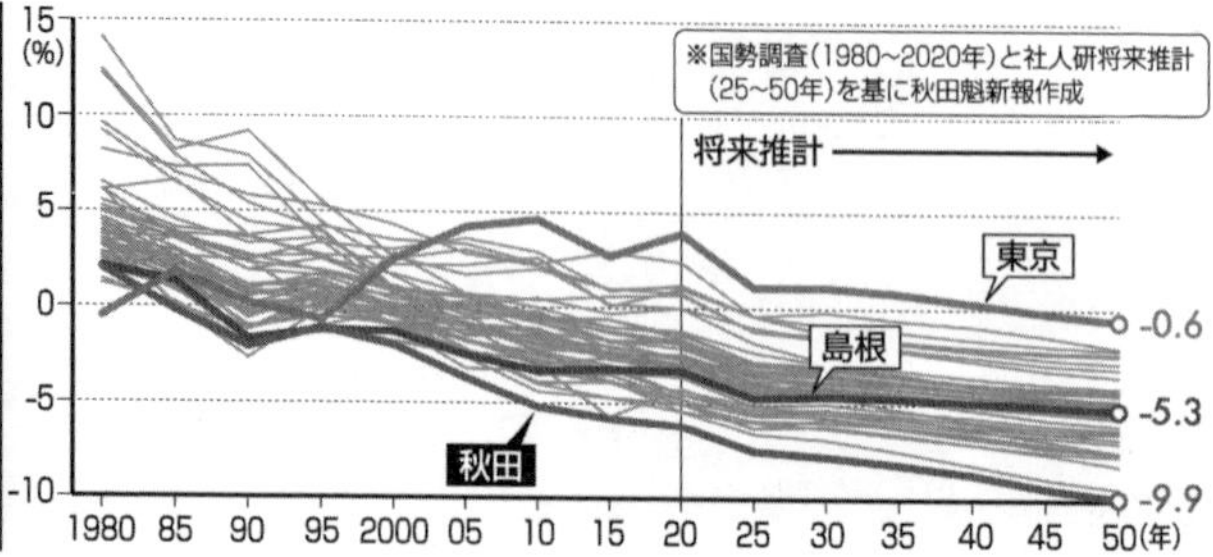

連載などを手がけ、二〇一四年に退社。「ローカルジャーナリスト」という肩書を発案し、島根を拠点に多彩な活動を続けている。

「過疎は終わった！」に根拠がないわけではない。いやむしろ、島根をはじめとする中国山地で生じている変化の先触れを鋭くつかまえたうたい文句であるともいえる。

都道府県別の人口の増減率について、国勢調査に基づく実績と国立社会保障・人口問題研究所による二〇二五年以降の推計を接続し、グラフにした。一九九〇年代まで似たような折れ線を描いていた秋田と島根が二〇〇〇年ごろを境に離れ始め、二〇五〇年時点では大きな差がつくという流れが浮かぶ。

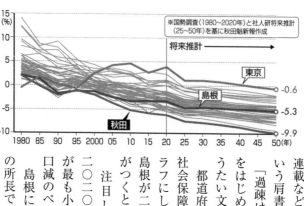

注目したいのは、将来推計における島根の折れ線の傾きだ。二〇二〇～二〇二五年の減少率と二〇四五～二〇五〇年の減少率の差が最も小さいのが島根。つまり、今後三十年間で島根は全国で最も人口減のペースが緩やかになると見込まれているのだ。

島根に拠点を置く一般社団法人「持続可能な地域社会総合研究所」の所長で、中国山地編集舎の主要メンバーでもある藤山浩（六四）は「全国的に見て島根は早い時期に過疎が進んだ分、課題解決への取り組みも進んだ。二十世紀的な成長に最も乗り遅れた島根が、周回遅れのトップランナーになりつつある」と指摘する。

そうした時代の変化を、田中は新聞記者時代から感じていた。退職前年の二〇一三年、田中は「移住新時代」と題する連載を書いた。島根県内へのUIターンが急増している状況に着目し、移住してきた若者たちの思いに迫ったものだ。

「若い世代の感性が多様化して、地方に可能性を感じる人が増えてきているのを知り、そういう存在にもっと目を向けていった方がいいと思うようになった。全国メディアは人口減少という暗い話ばかりで、そういう報道を疑問に思うようにもなっていた。昔は遅れた地域だったけど、いまはむしろ先行地域。そういうふうに見たらおもしろいのに。そういうメディアがないならつくろう、って」

二〇一七年。島根を拠点に活動し、思いを同じくする藤山ら四人との間で、自分たちのメディアを立ち上げようというプランが浮上する。過疎や人口減といったマイナスイメージではなく、未来をつくるチャレンジの最前線として、自分たちの暮らす地元を伝えられないか――。五人で話し合いを重ね、誰のため、何のためのメディアにするかを練りこんでいった。二〇一九年一月、発起人の五人を中心に中国山地編集舎を立ち上げ、十二月に第一弾の「のろし号」を発刊した。

その編集後記に、田中はこう記した。「未来をつくる最高に面白いチャレンジの最前線なのに『人口減少は悲惨』という〝常識〟に縛られすぎていないか。このメディアもチャレンジの一つです」

それにしても、なぜ「百年毎年一冊ずつ発行」なのか。

きっかけは、藤山が口にした「どうせやるなら百年続けるくらいの気概で」という一言だった。

「この思いを未来につなぐっていうスケールの大きさにわくわくした」（田中）

そして、やがてもう一つの意味合いが付与されていった。「焦らない。短期的な結果を求めない」

「過疎」という言葉は、一九六六年に政府の経済審議会がまとめた報告書に登場した造語とされる。三大都市圏への人口集中による「過密」の対義語として広まっていった。島根県匹見町（現益田市）が過疎問題を積極的に訴え、過疎地域対策緊急措置法（過疎法）の成立につながったとされ、島根は過疎発祥の地と呼ばれることもある。

ローカルジャーナリストの田中（2024年6月19日、オンライン取材）

それから約六十年。「流れを一気に変えようとしても、無理が生じて共感が広がらない。短期的な成果や数字を求めるのではなく、百年先を見据えて焦らずじっくり構えてやっていく」

次第に仲間が増え、当初は田中が一人で切り回していた事務局は十人ほどで担当するようになった。「ローカルジャーナリスト養成講座」を受講した人が書き手に加わり、大学生や会社員など多様な立場の五十人ほどが記事を書いている。

二〇二〇年十月には「みんなでつくる中国山地百年会議」を設立。雑誌の発行やさまざまなイベントの開催などに関わってもらう会員を広く募集し、現在約二百人が参加する。

「人口が増えるのはいいことで、減るのは悪いこと。そうとらえてしまったら先はない。そういう考え方ではおもしろいことをおもしろいと思えない。新しい時代の感性、そういうものに目を凝らしていきたい」。田中は言う。

関係人口、都市と地方結べ

二〇一一年三月に東日本大震災が起きたとき、当時岩手県議だった高橋博之（四九）は、あることが印象に残った。都会から被災地を訪れたボランティアが住民から感謝の言葉をかけられ、むしろ彼ら自身が生き生きとしていく姿だ。

支援する側が、逆に救われているように見えるのはなぜなのか。ボランティアの話を聞くうち、せわしなく働く都会での日々のなかで、彼らがやりがいや生きる実感を持てずにいる現実を知った。

「そういう人たちが生きがいを取り戻していくために、自らの生活を支える食べ物の生産地と関わりを持つことが力になるのでは」。そんな思いが芽生えた。

この年九月の知事選に出馬し落選した高橋は、二〇一三年に地元の花巻市でＮＰＯ法人「東北開墾」を立ち上げる。主要な事業として始めたのが、東北の生産者を取材し、それぞれの人柄や思い、こだわりを紹介する情報誌と食材をセットにして都会に毎月届ける「東北食べる通信」だ。

フェイスブックに読者限定のグループを設け、購読者と生産者が交流する場とした。すると、次々に新たなつながりが生まれていった。

猛暑や台風の影響で福島の漁師が魚を予定通り届けられなくなったとき、読者からクレームは一切なく、逆に励ましの声が寄せられた。
秋田の農家の田んぼが長雨でぬかるんだときには、読者が現地に駆けつけ、はだしで田んぼに入って稲刈りを手伝った。

高橋はさらに、「都市と地方をかきまぜる」をミッションに、「食」で双方を結びつける会社「雨風太陽」を発足させた。

食べる通信の発行のほか、全国八千二百人の生産者が農産物や魚介類を販売し、消費者と交流する産直サイト「ポケットマルシェ」を展開。地方の生産現場と都市の食卓を、人と人の関係性でつなぐ事業を拡大してきた。二〇二三年十二月には、東京証券取引所のグロース市場に上場。社会課題の解決と事業性の両立を目指す異例の挑戦として注目されている。

地方の生産者と都市の消費者をつなぐ活動に取り組んできた高橋（2015年1月、山形県白鷹町、提供写真）

高橋は、二〇一六年に刊行した著書『都市と地方をかきまぜる』（光文社新書）のなかで「関係人口」という考え方を打ち出した。地域の外に住みながら、地域との関わりを持つ人々を指す言葉で、次のようにつづった。

「地方自治体は、いずこも人口減少に歯止めをかけるのにやっきだが、相変わらず観光か定住促進しか言わない。（中略）地方を定期的に訪ねるというニーズは、広がる一方だと思う。交流人口と定住人口の間に眠る『関係人口』を掘り起こすのだ」

同じ年の暮れ、ローカルな動きを軸に新しい社会のあり方を提案する雑誌『ソトコト』編集長の指出《さしで》一正（五四）も、著書で関係人口という言葉を使った。さらに翌二〇一七年には、島根県のローカルジャーナリスト田中輝美（四八）が著書『関係人口をつくる』（木楽舎）を刊行。関係人口という概念は、社会に急速に広まっていった。

「地方創生」を二〇一四年に始めた当初は「東京一極集中の是正」の一策として移住定住の促進に重きを置いていた政府も、二〇二〇年の第二期からは、関係人口の拡大を重要目標の一つに掲げるようになった。日本全体の人口が減少に向かうなか、地域の活力を維持するうえで多くの自治体が関係人口づくりに力を注ぐようになってきた。

関係人口は、さらに発展を続けている。「お手伝い」と「旅」をかけ合わせ、全国五万五千人のユーザーを集めるサービス「おてつたび」もその一つだ。

旅に出た人が、旅先でその土地の事業者の仕事を手伝い、報酬を得ながら観光も楽しむ。株式会社おてつたび（東京）の社長、永岡里菜（三三）が発案し、二〇一九年に始めた。仕事先として全国千四百の事業者が登録している。

永岡は三重県出身。イベント会社で働いていた二十代のころ、仕事で各地を飛び回るなか、「魅力がない地域はない」ということを実感した。地方を訪ねると、多くの場所で働き手は不足。一方の東京では、地方に興味を持ちながらも訪問のきっかけをつかめずにいる人がいた。「都市の人と地方の人、お互いが思い合っているのに通じていない」。その気づきが事業につながった。

永岡によると、利用者へのアンケートでは、再訪を希望した人が約九割に上り、おてつたびで働いた事業者に就職した人もいるという。

神奈川県に住む大学三年の藤巻さやか（二一）は二〇二四年の大型連休中、おてつたびを利用して男鹿市の「里山のカフェににぎ」で食器洗いや掃除をした。

「仕事が終わると地元の人がよく観光地に連れて行ってくれた。とにかく夕日がきれいで……」。住民たちが優しく接してくれたのが印象的で、再訪を強く望んでいる。「これからも男鹿の情報に注目していきたい」

「おてつたび」を経営する永岡（2023年8月、大館市）

永岡は、都市と地域のつながりが連鎖し、全国各地に光が当たる未来図を思い描いている。「他の地域と人を取り合うのではなく、みんなで地域を支え合えるようにしていきたい」

雨風太陽は、日本の人口が一億人余りに減ると推計されている二〇五〇年までに、二千万人の関係人口を生みだすという目標を掲げる。目指すのは都市と地方を行き交う人の動きが活発化し、各地域の多様な魅力が花開いている未来。

「二千万人が関係人口として往来すれば、地域の活動量を維持できる。主体的に課題解決に参加するプレーヤーが増え、むしろ活力を増すこともできるのではないか」。高橋が描く日本の将来像だ。

しなやかな縮小戦略を

二〇二三年、労働力需給の将来をめぐる一本のレポートが話題を呼んだ。リクルートワークス研究所の報告書「未来予測二〇四〇」だ。

社会の高齢化が進むなかで労働力の需要と供給のバランスが崩れ、二〇四〇年には全国で千百万人の労働力が足りなくなると推計した。現在の近畿地方の就業者数に相当する規模の労働力が不足するという予測である。

訪問介護や除雪、道路の整備といったサービスが行き届かなくなり、地場産業や警察・消防などの行政機構も維持が難しくなっていく――。報告書は、そうした「労働供給制約社会」の到来は避けられないと警鐘を鳴らした。

「現在より小さな人口規模でも社会のさまざまなしくみが成り立ち、豊かさを感じられる社会を構築することが大事だ。縮小社会に対応していけるかが問われる」

二〇二四年六月十一日、都内で講演した元総務大臣の増田寛也（七二）は、こう述べた。自らが策定に関わった、二一〇〇年の段階で目指すべき人口水準を八千万人とする提言「人口ビジョン二一〇〇」に触れるなかでの指摘だ。

いま、秋田は全国一のスピードで人口減が進む。国立社会保障・人口問題研究所の推計では、九十万人の県人口が二〇五〇年には五十六万人になるという見通しが示されている。

「地方創生」という政策が「二〇六〇年に一億人維持」という目標を掲げ、それを念頭に置いた施策立案を自治体に求めたものの達成にはほど遠く、目標自体がすでに空文化しているのは、これまで見てきた通りである。

少子化の要因は多様だ。未婚化や晩婚化の進展や、結婚や出産に対する若い世代の意識の変化といった社会全体の変容に関しては、そもそも自治体単位で対策が取れるものでもない。

人口減少がさらに進むことが明らかななかで、いま地方が取り組むべきは、自治体が背負う課題としては手に余る少子化対策ではなく、「縮小社会」に対応した将来図をどう描くのかという、より現実的な命題だろう。

そのための戦略づくりがどれだけ進んでいるかを探るため、秋田魁新報は二〇二四年五月から六月にかけ、県内の主要な百事業者を対象にアンケートを実施した。

尋ねたのは▽将来の人口減を見据えて事業内容の縮小や見直しを検討しているか▽十年後の予算規模の見通しを立てているか▽会社の持続可能性を維持するために何が重要か――。回答したのは二十七社。比較的事業規模の大きな事業者が多かった。

その回答を見ると、事業内容の縮小や見直しを検討しているとしたのは十社で、回答事業者のうち三十七%だった。十年後の予算規模の見通しを立てているとしたのは五社（十八・五%）。その具体的な内容は「現在の売上高百四十六億円を二百億円に」（製造業）、「約五十億円の投資額を維持する」（製造業）、「売上高を一・五倍にする」（農林業）といった回答が多く、事業規模の維持・拡大が念頭にあることがうかがえた。持続可能性の維持に必要な点については「経営者の先見性」「事業の縮小」といった記載があった。

秋田県と全国の人口推移と将来推計
（国立社会保障・人口問題研究所推計を基に作成）
1億5000万（人）
1億2500万
1億
150万
100万
50万
0
全　国
1億468万人
秋田県
56万人
「未来予測2040」
●「2040年には1100万人の労働力が足りなくなる」
●「人口動態は最も確実な将来予測。労働供給制約社会がやってくること自体は避けられない」
「現在より小さな人口規模でも社会のさまざまなしくみが成り立ち、豊かさを感じられる社会を構築することが大事だ。縮小社会に対応していけるかが問われる」
増田寛也
2000年　05　10　15　20　25　30　35　40　45　2050

同様のアンケートを県と二十五市町村の首長計二十六人に対しても行ったところ、人口減少を見据えて予算規模や政策内容を縮小しているとしたのは十二人で四十六・二％。十年後の財政規模の見通しを立てているとしたのは八人で三十・八％だった。

アンケートの回答から、事業者と自治体のいずれもが人口減対策への意識を一定程度持っていることはうかがえる。ただ、縮小社会への対応という点では、具体的な動きに乏しいのも現実のようだ。

先の講演で増田は「人口減は静かにひたひたと確実に進行していく」と指摘。自治体の首長にとっては、在任中に具体的な危機が必ずしも訪れるとは限らないため、縮小社会への対応に取り組むインセンティブが欠けているとの見方を示した。

報告書「未来予測二〇四〇」は、持続可能な社会をつくっていくための解決策として▽徹底的な機械化・自動化▽何らかの形で社会に作用する本業以外の活動の広がり▽シニア世代の活動▽無駄な業務の改革――の四点を提示。「二〇四〇年の生活をどう持続可能で豊かなものにしていくかは、今を生きる私たちがどうしても考えなくてはならない課題なのだ」と記す。

「現在の日本社会は『持続可能性』という点において〝危機的〟と言わざるを得ない状況にある」

こうした見方を示すのは、京大・人と社会の未来研究院教授の広井良典（六二）だ。

広井は岡山市出身で公共政策、科学哲学を専攻。『人口減少社会という希望』（朝日新聞出版）『人口減少社会のデザイン』（東洋経済新報社）などの著書がある。

『人口減少社会のデザイン』のなかで広井は、昭和期は人口や経済が拡大・成長を続け、それとパラレルにすべてが東京に流れ、人々が「集団で一本の道を登る時代」だったと指摘。平成以降、人口の減少局面に入ったにもかかわらず、そうした基調は変わっていないとする。「『二〇五〇年、日本は持続可能か？』という問いを正面から設定し、従来よりもひと回り大きな視野に立って、かつ分野横断的な視点から、日本社会の未来とその構想、選択について議論を行っていくことが求められている」とも記している。

われわれは人口減少社会をどう生き抜けばいいのか。広井は取材にこう答えた。

「基本的な視点としては、拡大・成長よりも持続可能性や循環、相互扶助に軸足を置いた経済への発想の転換が重要」

「教育、住宅、雇用などあらゆる面での若い世代への思い切った支援を通じて『持続可能な社会』への移行を実現していくことが、秋田にとってのチャレンジになると思う」

人口をめぐる話題に触れるとき、われわれは「人口減少問題」という言葉を口にする。しかし、人口減という現実はもはや大前提としてわれわれの前に横たわるものであり、それを「問題」と嘆いたところで何も始まりはしない。いま必要なのは、「人口減少時代に対応した社会のしくみを構築できていない問題」と、一歩踏みこんでとらえ直す態度ではないだろうか。

そうであるなら、まず取り組むべきは明快だ。「人口減少時代に対応した社会のしくみ」をどうつくっていくかを自治体単位、会社単位、さまざまな組織・団体単位で真剣に考えていくことだ。とはいえ、長く続いた拡大・成長路線からの意識変革は容易ではない。そこで重要になるのは、より広い視野で歴史を振り返る姿勢だ。

いまこそ、なつかしい未来へ

「なんか合わんな」。兵庫県を拠点とする編集者、藤本智士（五〇）は長年、上の世代の価値観にそんな感覚を覚えてきた。「バブルのときにいい思いをした人たちが多いのか、『あのころをもう一度感』みたいなのがあって」

物心ついたころから日本経済は右肩下がり。人口減少を嘆く声を散々聞かされてきた。「でも、それって本当にそんな悪いことなの？って」

抱え続けた違和感を、本づくりにぶつけた。秋田の魅力を発信するため県が二〇一二年から四年間、季刊で発行したフリーマガジン『のんびり』だ。

藤本は編集長として県内外のカメラマンやデザイナー、編集者らによるチームを率いた。行政発行の媒体ながら、予定調和とは無縁の取材スタイルで個性あふれる誌面を生み出した。寒天文化やマタギ、地元の暮らしにとけこんだ版画家……。秋田の人が見落としてしまいがちな魅力を掘り起こし、光を当てていった。

取材を重ねるごとに深めた実感がある。「人口が減っていく社会のなかで、それをどうポジティブに転換し、より幸せに生きていくか。それを現実的に考え、実践しやすいのは間違いなく秋田。日本の未来のトップランナーだ」

『のんびり』編集長を務めた藤本（2016年2月、秋田市）

藤本が抱いてきた違和感を突きつめれば、「人口問題」に行き着く。そして、その軌跡をたどると、社会情勢の変化に伴って「人口問題」そのものが激しく転変してきたことに気づく。

戦後の第一次ベビーブーム期、増えすぎた人口が「問題」となり、政府はその抑制を喧伝《けんでん》した。高度経済成長期になると一転、労働力不足が「問題」に。国策のもとで地方の若者が大都市へと集団就職し、各地で過疎化が進展した。

その後、経済成長に陰りが出始めると、また一転して人口の多さが「問題」視されるようになり、一九七四年の人口白書は「出生抑制にいっそうの努力を」と提言した。

そして、バブル経済の勃興とその崩壊をへて、少子化による人口減少が「問題」とされている現在――。

人口が多いと言っては嘆き、少ないと言っては嘆く。一連の流れからは、人口の多寡を経済の

日本の人口の長期トレンド

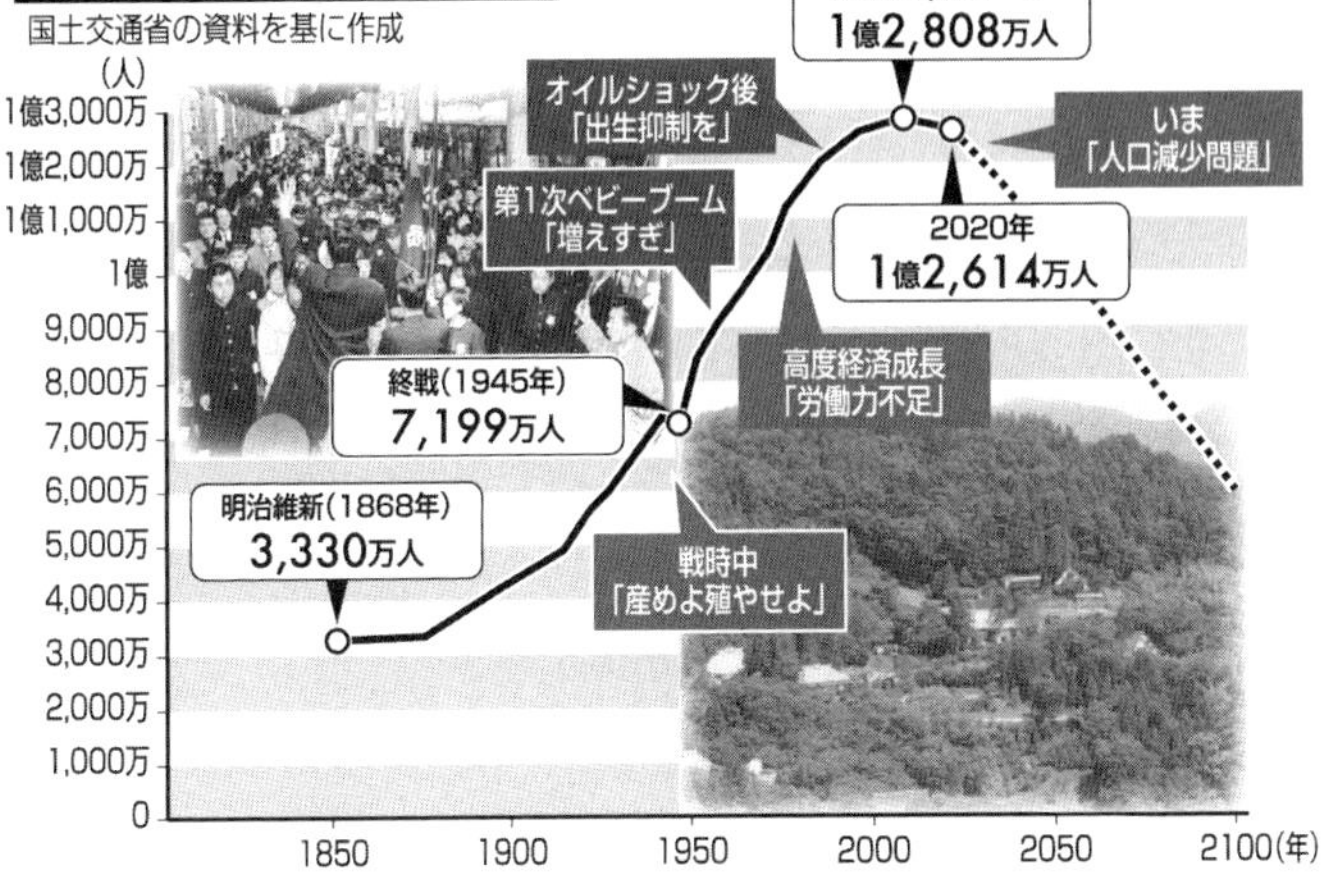

動向と分かちがたく結びつけるこの国の思考が浮かび上がってくる。「二〇六〇年に一億人維持」という目標を掲げて自治体に対応を迫った「地方創生」も、底流は同じだったといえるだろう。

人口減少下で日本が目指すべき社会像を提言してきた京大教授の広井良典（六三）は、著書『人口減少社会という希望』（朝日新聞出版）のなかで次のように説く。

「私たちが高度成長期の発想や価値観の枠組みのなかで、あるいはその延長線上で物事を考える限り、人口減少社会は敗北あるいは〝衰退〟に向けた進行としか考えられないだろう。しかし（中略）新たな視座で状況を見るとき、それはむしろ全く逆に、日本社会が真の豊かさを実現していくことに向けての大いなる道標として立ち現れるのである」

広井は、個人の暮らしや幸せに比重を移す社会のあり方を提唱する。そしてそれは、日本人がかつて生きていた社会でもあるという。

同書で広井は、江戸末期や明治の初めに日本を訪れた外国人の多くが、日本人のゆったりと満ち足りた暮らしぶりについて書き残していると紹介する。

しかしその後、日本社会は人口増加や富国強兵、経済成長といった「拡大・成長の急な坂道」を登っていく。

「百数十年にわたり、そうした上昇の坂道を登り続けることが〝習い性〟となり、『いつも忙しく動き回っていること』や『仕事中毒であること』が〝日本人の属性〟であるかのような『通念』や『神話』が形成されていった」（『人口減少社会という希望』）

現在の人口減少局面を転換点にできれば、真に豊かな社会に回帰できるかもしれない。広井はそれを「なつかしい未来」と表現する。

新たな社会を実現するかぎは、地方にある。日本総合研究所・創発戦略センターの井上岳一（五四）はそう考えている。

東大で林学を学んだ井上は、森や山村に魅力を感じ、林野庁に入った。しかし、林業や山村が置き去りにされる現実に対する政府の役割に限界を感じ、民間に転じた。

その後、転機となったのが東日本大震災だった。

発生から一カ月余り後、石巻市沿岸で孤立した集落へボランティアに入った。極限状態のなかでも住民は助け合い、和気あいあいと暮らしていた。裏山から沢水を引き、がれきから拾い上げた風呂おけに小屋をかけ、共同浴場まで作っていた。

経済発展から置き去りにされてきたように見える集落。そこで目にしたのは、山水の恵みと支え合いの力で生きる人々の姿だった。「ここから新しい社会のかたちが立ち上がっていくのではないか、そう感じた」

自然の恵みが豊富な田舎を井上は「山水郷《さんすいごう》」と呼び、そこには都会が失った安心の基盤があると説く。

山水郷の価値にもう一度目を向け、暮らしの場として再興することが、日本の持続的な発展につながる。そうした考えをまとめた『日本列島回復論』（新潮社）を二〇一九年、世に問うた。書名は田中角栄の「日本列島改造論」を意識したものだ。この出版を機に、全国各地で起業やユニークな地域づくりに挑む若者たちとの交流が広がり、山水郷の可能性をさらに感じているという。

経済成長という大義のために、人間一人ひとりをあたかもGDP拡大の道具のように見なす。日本の近現代にはそうした一面がある。そして、「地方創生」という政策には、そのような過去への反省や、価値観の転換を目指す姿勢は希薄だった。

ならば地方、とりわけ人口減少の先進地たる秋田は、次の社会のかたちを模索し、切り開いていく役割を担えると考えられないだろうか。

『のんびり』という書名に藤本が込めた意味は、一つには「おおらかな力強さ」。そして、もう一つ。食を通して季節が感じられ、風土を醸した酒があり、暮らしの真ん中に豊かさがある秋田は、決して日本の最下位などではないという、「ノン・びり」。

「秋田の生活はすごい豊かやなって。よそ者として本当にうらやましいし、憧れる」

そうした魅力に地元のわれわれ自身が目を向けることが、将来を切り開くスタートになると藤本は言う。「一人ひとりが日々の暮らしのなかから秋田のビジョンを考え、アクションを起こしていったらいいいんじゃないかな」

「地方」への違和感乗り越えて

本書では幾度となく「地方」という言葉を用いてきた。「地方創生」という政策がそもそも、この二文字を含む。日本列島におけるわれわれの座標も示す。ごく一般的な言葉である。

ただ、くり返し用いるなかで、そして、政策の検証を通じて「地方」の将来を考えていくなかで、うっすらとした違和感がまとわりつくようにもなってきた。

「地方」とは何なのか——。

九州産食材による「九州パンケーキ」の製造販売を手がける「一平ホールディングス」（宮崎市）社長の村岡浩司（五四）は、「地方創生」が始まってまもなく、「地方」という言葉を使うのをやめた。

元々、地方という言葉からは「対東京」という文脈と上下関係のイメージを感じていた。二〇一四年に始まった「地方創生」には、東京が地方を元気にしてあげるという視線、霞が関の論理で日本全体を均一にとらえるような発想を感じた。

「地方創生」のもと、地元の行政は総合戦略の策定業務を中央のコンサルティング会社に依頼。担当者がまちづくりや商店街の再生プランに関わるようになった。

「コンサルの人たちは『あなたたちの町をよくしたい』と言うが、宮崎に来たのは何度目か尋ねると『二回目です』と。斜め上から見られている感じがして、『地方』という言葉が気持ち悪くなった」

村岡は宮崎県内の高校を卒業後に渡米し輸入衣料や雑貨販売で起業。帰国後に家業のすし店に入り、フランチャイズ契約のコーヒーショップも運営した。二〇一〇年の口蹄疫《こうていえき》で売り上げが激減し、新たな収益の柱をつくるため始めたのが九州パンケーキだった。

大分の小麦、アイガモ農法で育てた宮崎の発芽玄米などすべての素材を九州産でまかなう商品は、二〇一二年の販売開始以降、国内外で人気に。二〇一三年の「地場もん国民大賞」で金賞を受賞。経済産業省の「はばたく中小企業・小規模事業者三百社」にも認定されている。

自分たちの土地で自分たちが作り出すものを大事にするという思いを込めた「地元創生」を提唱し、「世界があこがれる九州をつくる。」をスローガンに活動するなかで、「ローカル」という言葉の再定義を訴えるようになった。「優劣や上下の感覚をまとう『地方』を単にかっこよく言い換えた『ローカル』ではなく、その土地で暮らす人が誇りに思い、大切にしている場所や物、食べ物、偉人、プライドを指す言葉として、『ローカル』を再定義してはどうだろうか」

元読売新聞東京本社編集委員でジャーナリストの青山彰久（六八）も、「地方」という言葉を嫌う一人だ。「地域を主役に、自分たちが住んでいる土地の価値を磨いていく必要がある」として、「地域」を好んで使う。

その意味合いをこう説く。「地方」を「ちほう」と読むようになったのは明治以降のことで、それ以前は「じかた」と読んだ。土地の形状や土地に合った暮らし、農業のあり方といった意味だったが、近代に入り行政用語として使われるようになって読み方が変わり、「中央」と対を成す概念を帯びるようになった――。

「地方」という言葉に違和感を覚えるようになったきっかけは、二〇二〇年発足の菅義偉内閣が決定した内閣の基本方針。「頑張る地方を全力で応援する」という文言が引っかかった。一見、政治が地方に目を向けていると取れるが、青山の受け止めは違った。「がんばらない地方は応援しないのか、がんばっているかどうかは誰が決めるのか、そもそもがんばるとは何なのか」

地方自治を専門に取材して二十年を超える青山は、全国各地の町や村に足を運び住民の生活を目にしてきた。「地方創生」以降、各地で暮らす人たちの間で、政府に合わせなければ地域が立ちゆかなくなるという思いが強まったと感じている。一方、歴史をたどれば、公害問題や高齢者福祉、情報公開への対応は自治体が目の前の現実に条例の制定などで対処してきたことが、後の法整備や制度につながった。そう指摘し、訴える。

「持続可能な未来は地域を基盤にした自治から構築すべきだ。自分たちの住んでいる地域社会を直視することが大切。地域で何が起き、問題となっているかを見つめ直すことが出発点であり、地域を主役に物事を考えるべきだ」

【地方】 首都などの大都市以外の地域（明鏡国語辞典）

【地域】地元（三省堂国語辞典）
【地元】自分の住んでいる所。自分の根拠地（三省堂国語辞典）
【ローカル】その地方に限定される特有なこと。また、そのさま。風俗・自然・情緒などにいう（大辞泉）

東北６県のデザイナーによるトークショー「東北デ、」で進行役を務める澁谷（中央）。デザイナーたちは地方で活動する実感ややりがいを報告しあった（2024年２月、仙台市）

村岡と青山の語りに耳を傾けたいま、これらの言葉は解像度が上がり、違いが鮮明に浮かび上がってくる。

「『地元には何もない』と思いこんで故郷を離れようとする子どもたちに、自分らしくたくましく働き、おもしろく暮らしている大人が身近にたくさんいることを知ってもらいたかった」。美郷町のデザイナー、澁谷和之（四四）は言う。町の教育委員会は二〇一八年、「みさと働きびと」という冊子を刊行した。町内で働くさまざまな職業の三十一人を紹介するガイドブック。その製作を発案したのが、町内で「澁谷デザイン事務所」を経営する澁谷だった。

「地方創生」が始まり五年目。人口減少を食い止めようと全国の自治体が移住定住やＵＩターンに取り組んでいたが、その風潮への違和感が澁谷にはあった。

「生まれ育った地域に目を向けてもらうには、もっと手前の働きかけが必要ではないか」。どこでどのように暮らしたいかを若いうちから意識してもらうきっかけになればと「みさと働きびと」を企画した。

二〇二三年夏、仙台市の大学でデザインを学ぶ美郷町出身の学生が訪ねてきた。「美郷で就職して地域のために何かできないかと思って」。地元に目を向けたきっかけの一つが、中学校で配布され、進学先にも持参していた「みさと働きびと」だった。

「地域」「地元」、そして「ローカル」――。違和感の先に、われわれが探す目的地が見えてきた。

絶望のなかにこそ希望が

「もう終わりだよこの県」

「消滅しちゃうよ」

「もう地元終わってるよ」

二〇二四年六月二十四日、秋田県の人口が九十万人割れを目前にしているというニュースを秋田魁新報が報じると、SNS上の記事にこんなコメントが並んだ。二日で記事の表示は八万回に達し、直近一週間の記事で最も多かった。

秋田の人口は、五年に一回の国勢調査で二〇〇〇年から五回連続、減少率が全国最大。全国四十七都道府県のなかで最も速いペースで人口減少が進む。

人口減を嘆く声があちらこちらで、ことあるごとに聞かれる。そういう秋田であることは否定できない。

島根大教授として昭和期の農村の荒廃について研究を重ねた安達生恒《いくつね》（一九一八～二〇〇〇年）は、著書『〝むら〟と人間の崩壊』（三一書房）のなかで、一片の作文を紹介している。島根県弥《や》栄村《さかそん》（現浜田市）で一九六七年に住民意識調査を行った際、中学生に「村の将来について思うこと」と題して書いてもらった作文からの引用だ。

「この村では里山を開けばタバコも牛も増やせるのに、役場もそれをやろうとしないし、親たちもすっかりあきらめている。だから僕はこの村はつまらないと思う。つまらない村だから、卒業後は大阪に出る。おそらく村に帰ることはないだろう」

弥栄村は当時人口約三千二百人の山村で、一九六〇年から一九六五年にかけた人口減少率が二十五％に上っていた。同様の作文が何通もあったと安達は記し、過疎問題を考える際には「こうした住民意識の後退」を重視しなければならないと説いた。現在の浜田市弥栄地区は、高齢化率が五割を超える。

本書ではこれまで、県内外さまざまな挑戦の姿を見てきた。まだないしごとを興す起業家。地域の触媒として人と人を結ぶ自治体職員や地方議員。現場の声や課題に向き合い変革を起こすリーダーたち。そして、若者に選ばれ続けるまちを目指す島——。人口減少という下り坂にあってなお、にぎやかさや活気を地域に生む彼らの姿は、未来への希望を感じさせるものだった。

しかしその一方で、あきらめ、あるいは絶望といっていい声が人口減という社会現象の周辺に根深いのも事実である。

「でも、希望という言葉は本当に過酷な状況を受け止めて、それでも明日に向かって生きていこうとするときに、にじみ出てくるものなんじゃないかなと思う」。そう語るのは、東大教授の玄田有史《ゆうじ》（五九）。二〇〇〇年代初めから「希望学」を研究してきた経済学者だ。

絶望のなかにこそ、希望がある――。玄田が著作や講演でそう説くときに紹介するエピソードが二つある。

「希望」という言葉と関連の深い歴史的なできごとを過去の新聞記事から調べたとき、登場頻度の多い事象の一つが「水俣」だった。

産業構造の変化による人口減少を早くから経験してきた岩手県釜石市で、ある副社長がこんなことを言った。「棚ぼたというのはない。動いて、もがいているうちに何かに突き当たる」

「『希望があれば救われる』というよりはむしろ、挫折や試練を生きてきた人が希望を持つ。なんとかしてこの困難な状況を抜け出したいと心の底から思ったときに、人は希望を持つようなんですね」

秋田県八峰町にある山本酒造店の社長、山本友文（五四）はかつて、倒産を目前にあえいでいた。都内の音楽プロダクションで働いていた二〇〇二年、経営不振に陥った家業の酒蔵を継ぐため帰郷。日本酒の消費量が全国的に落ちこむなか、酒づくりを担う杜氏《とうじ》を雇用できない状況まで追いこまれた。

廃業も視野に入る。考え抜いた末に一手を打った。山本自らが蔵に入り、酒造りを担うという奇手だった。当時まだ珍しいこのやり方で造った酒を自らの名字の「山本」という名で売り出すと、周囲から励ましや応援の声が寄せられ、多くの酒販店が協力。数年がかりで人気ブランドにのし上がり、経営を立て直した。

2016年に秋田市で開催された日本酒イベントに参加した山本（左端）。倒産を目前にしたどん底でもがき、希望をつかんだ（2016年9月）

「あのころは寝る間もなく働いていて、記憶もないぐらい。ただ、会社をつぶしてしまい子どもたちの将来をつぶすわけにはいかないと、がむしゃらだった。初めて自分で酒造りをした年、たくさん造った酒のなかに奇跡的にいいでき具合の酒があった。そのとき、希望を感じた」。どん底でもがいていた二十年ほど前を、山本はそう振り返る。

玄田は二〇一〇年の著書『希望のつくり方』（岩波新書）にこう記している。「希望は自分で探し、自分でつくっていくものです。与えられた希望は、本当の希望ではないのです」

絶望のなかにこそ希望があり、その希望を探し、つくり出すのが自分自身なのだとすれば、われわれはいたずらな悲観論や冷笑主義に陥っている場合ではない。いやむしろ、人口減少にあえぐ秋田だからこその希望が、足元にあるはずだ。

「地方創生」とは何だったのか

「地方創生」とは結局、何だったのか。

「故郷《ふるさと》を消滅させてはならない」。二〇一四年秋の国会。首相の安倍晋三は所信表明演説でこう訴えた。自治体の「消滅可能性」を指摘した増田レポートに全国の自治体が浮足立つなか、「人口減少の克服」と「東京一極集中の是正」を大目標に「地方創生」は始まった。

そこには、翌年春に控える統一地方選を見据え、地方にいまだ波及しないアベノミクスへの批判をかわす思惑があった。実際、選挙後の二〇一五年秋には「一億総活躍」という新たな目玉政策が登場する。政府はその後も毎年のように看板をかけかえ、そのたびに「地方創生」は後景に退いていった。

政府は「二〇六〇年に一億人」という人口維持の目標を掲げ、それを踏まえた戦略づくりを自治体に求めた。戦略は交付金を受け取るための必須条件とされ、そのよしあしは政府が判断した。「地方」に光を当てる政策だったはずが、むしろ政府による自治体へのコントロールは強まった。

人口減少の根本原因である少子化への抜本的な対策を政府は取らず、状況は年々深刻化した。「地方創生」で掲げた出生率や人口の目標は、何の説明も検証もされないまま、表舞台で語られなくなった。

東京一極集中は、是正どころかむしろ、加速した。東京圏への転入超過は、「地方創生」の開始から五年間で十四万五千人へと三割増加。コロナ禍で一時は縮小したが、再び拡大を続けている。政府の無策が招いた当然の帰結だった。

「地方創生」を掲げる一方で、政府は東京の大規模な再開発を推し進めた。ヒト、モノ、カネのすべてが東京に集中する構造を変えるという根本的な対策には踏みこまなかった。民間企業に地方移転を促しながら、中央省庁の移転は文化庁の京都移転などごく一部にとどまったことが象徴的だ。

東京一極集中の是正は、明治以来続いてきたこの国のかたちを変える一大事業のはずだったが、政府にはその覚悟も意志も希薄だった。官僚として国土政策に携わった経験を持つ北海道文教大特任教授の小磯修二（七六）は言う。「『地方創生』は国土政策ではなかった。日本の将来を考え、科学的分析に基づいて打ち出した政策とは言えない。『地方創生』に対して当初はある程度期待していたが、まったくの期待外れというのがいまの印象だ」

本書では、「地方創生」を常に、かぎかっこつきで記してきた。

政策が始まってから十年。ややもするとこの言葉は、「地方を元気にする」とでもいうような一般的な日本語として認知されるようになったきらいがある。しかし、この四文字は本来、特定の政権が意図を持って始めた特定の政策の名称である。その固有性を忘れずに、あくまでもこの政策を徹底的に客観視しながら見つめる視座を保つため、「地方創生」とかぎかっこでくる表記にこだわってきた。

政策を進める主体を言う際に「国」という言葉を避け、「政府」と表記してきたことにも、意図があった。

東京と地方をめぐるいびつな国土構造にせよ、地域の実情を踏まえないピント外れの政策にせよ、それはすべて、その時々の政治家と官僚らで構成する中央の「政府」が担ってきたものだ。「国」という表現は、彼らの責任性を曖昧にしかねない危険をはらむうえ、「国と地方」という構図から生じる不当な上下関係をまといかねない。その意味で続けてきた、「政府」という表記だった。

その政府が二〇二四年六月公表した「地方創生」十年の総括に、政策の検証や反省は記されていなかった。

同じ政府とは言いながら、二度の首相交代をへて、中身は別物となった現在の政府である。「地方創生」という政策が、二〇一四年という時代状況のなかで当時の安倍政権により看板政策として打ち出されたものだったことを踏まえれば、現在の政府による検証や反省がないのは無理からぬことなのかもしれない。

片山善博（七二）は言う。「本気で地方のことを考えていない人たちが始めた政策。だから彼らにとっては、失敗でも何でもない」。政府が地方のことを真剣に考えるというのは幻想だと、片山は断言する。

われわれも言い切ってしまおう。「地方創生」は、いっときのスローガン、あるいはキャッチフレーズに過ぎなかったのだと。

では、そのようなものでしかない「地方創生」に、われわれがここまでこだわってきたのはなぜか。この政策が本来扱うべきだったテーマは、スローガンやキャッチフレーズで終わらせるわけにはいかないものだからだ。

締めくくりとして、タイトルにも掲げた「これから」を四つ示したい。

初めの二つは政府に向けた要望だ。まず、**「地方を信じてほしい」**。

二〇〇〇年代以降の地方財政の歴史に「地方創生」を位置づけると、一つの顔が見えてくる。地方財源の締めつけを軸に、地方の政策的自由度を奪っていった流れの一部という側面だ。

「地方の権限と責任を拡大し、地方分権を一層推進する」。そううたって二〇〇〇年代初めに政府が打ち出した「三位一体改革」は本来、自治体への補助金や地方交付税を削減する代わりに税源を移譲し、地方分権を前に進めるはずのものだった。しかし実際に生じたのは、移譲された税源を大幅に上回って地方交付税などが削られ、自治体が財源と自由度を奪われるという事態。だまし討ちともいえる経緯に対する怨嗟《えんさ》の声は、いまなお自治体側に根強い。

政府が交付金や補助金により自治体をコントロールするしくみに限界があることは、「地方創生」が身をもって示した通りだ。自治体は、交付金の枠組みに規定されることで発想の自由を奪われ、煩雑な事務作業にも追われる。自治体の主体性を奪う補助金行政が地域の実情に合わない施策や公金の無駄遣いを生む温床であることも、「地方創生」が示す通りだ。

政府は根本的に、地方を信頼していないのではないか。自治官僚をへて京都府知事や全国知事会長を務めた山田啓二（七〇）は言う。「これだけ社会が複雑・多様化したなか、中央省庁がリーダーとして振る舞える時代は終わった。視点を変え、しっかりと地方を支える存在になるべきだ」政府と地方の相互不信とも呼べる不幸な関係を打破することなしに、今後の地域の展望は開けない。政府が地方を信頼し、財源と権限を大幅に移譲することにより、それぞれの地域が自主的に現場の課題や実情に応じた挑戦を重ねられるよう、しくみを再構築する必要がある。

次に、「**本当の『異次元の少子化対策』を**」。

「失われた十年をくり返したら、確実にわが国は消滅する」。増田寛也（七二）は二〇二四年二月、仙台市での講演で政府の人口減対策、とりわけ少子化への対応の遅れを厳しく批判した。「地方創生」で政府は、人口減対策を事実上、自治体に委ねた。だが、未婚化や晩婚化の進展に代表される社会の変化は、そもそも自治体がどうこうできるものではない。少子化対策の大本は、あくまでも政府が取り組むべき課題と認識すべきだ。

岸田政権は二〇二三年一月、「異次元の少子化対策」を打ち出した。だが、児童手当の拡充や保育の充実、育児休業給付の増額といった施策は「異次元」の名に値しない。

既婚者や多子世帯に焦点を当てた施策は、具体的な手だてを講じやすい半面、効果が限定的。それ以上に力を注ぐべきは、若い世代の経済的な不安や生きづらさを解消していくことだ。非正規雇用の正規への転換、賃金の向上、起業支援、社会に根強い「性別役割意識」を解消していくための措置……。課題は山積している。

特に、性別役割意識の解消は「地方創生」で光が当てられなかった視点でもある。女性や若者の声を反映した政策決定を当たり前にしていくことが、何よりも重要である。

残る二つの「これから」は、社会全体に向ける。まずは「**人口定常型社会へのソフトランディング**」だ。

向こう数十年にわたる人口減少が避けられない日本であることは間違いない。そこで求められるのは、人口減少から生じるさまざまな課題に泥縄的に対処するのではなく、人口規模がいまよりずっと少ないレベルで定常化した社会を見通し、そこからの逆算で社会のさまざまなしくみを再構築していくという発想だ。その主体は政府だけでなく、都道府県や市町村、企業、各種団体など、社会のあらゆる分野が担える。

秋田市出身で都内の会社で働く石井ゆめみ（二四）は、小学五年のとき、世界的な人口爆発について学び「人が増えても減ってもいいしくみがどうしてできないんだろう」と疑問を持った。これを機に人口問題に興味を持つようになり、東大では人口減少地域の研究に取り組んだ。現在は地方でも持続可能な次世代の水インフラ実現に向けた活動に取り組んでいる。「人口の多い少ないにかかわらずインフラのコストが安定した社会を築くことで『人口問題』を問題でなくすることができると思っている」

海外に目を転じれば、少ない人口で満足度の高い暮らしをしている国が少なくない。例えば、人口五百五十万人の北欧フィンランド。日本の約二十分の一の人口ながら、国連関連団体の「世界幸福度ランキング」で世界一を七年続けている。

社会保障や福祉が手厚いことで知られ、税金の国民負担率は高い。ただ、大学院まで授業料が無料で教育機会の平等が保障されているなど、学費や老後の資金を心配せずに暮らすことができる。

フィンランドの大学院に留学した経験があり、フィンランド大使館の広報業務に関わるジャーナリストの堀内都喜子は「フィンランドでは、人こそが資源だとみんなが考えている。だからこそ、機会を平等につくり、みんなが能力を発揮できる社会づくりをしている」と話す。

「これから」の最後は「**変化と希望を生み続ける**」。

「にぎやかな過疎」として徳島県神山町や島根県雲南市、岡山県西粟倉村を紹介した。これらの地域に共通するのは、挑戦と失敗を認める寛容さ、その結果次々と生み出される変化、そして、その延長線上に生じる、未来への希望だった。

「寛容性」と「希望」で全国最下位レベルにあるとされる秋田はしかし、にぎやかな過疎にならってベクトルを転換させれば、一気に状況を好転させ得る可能性を秘めているともいえないか。

ここで仮に、十年後の秋田を「全国一、若者を応援する県」と位置づけ、そこに至る手だてを考えてみる。

例えば、「まだないしごと」を興すためのスタートアップ支援を、県と市町村、経済界が一丸となってそれこそ「異次元」のレベルで展開し、全国から起業家の卵を呼び寄せる。あるいは、特色ある教育で全国的な評価を確立している秋田市の国際教養大を企業の協賛金を募って完全無

北秋田市の米内沢小学校で元気に登校する児童。「第四部　止まらない一極集中」で取り上げた旧前田小学校の児童たちは、バスで数キロの道を通い、統合先で新しい友達と学校生活を楽しんでいる（2024年6月）

償化し、これもまた国内外から多様な学生を呼び寄せる。

その際、育てた人材の流出を恐れない。秋田で育った人材は、あるいは多くが県外へはばたいていくかもしれないが、「関係人口」として将来必ず、秋田の力になってくれるからだ。

にぎやかしくも、しなやかで、人の動きが絶えない――。そんな地元、秋田を想像してみてほしい。

最後に、一つのエピソードを紹介したい。

全国から移住が相次ぎ、地域に変化が生まれ続ける徳島県神山町の地域づくりをリードした大南信也（七一）が語った話。

十年近く前、七十代後半の男性が雑談のなかで言ったという。

「自分も年をとって、いつどうなるかわからん。でも、神山はいま変わりよるやろ。この先、神山がどんな町に変わるのかが見られなくなるのは、つらいな」

周囲と同様、どちらかといえば保守的だった男性は、移住者と酒をくみ交わし、交流を楽しむなかで、まちの変化を楽しむようになっていた。大南は言う。

「おっちゃんは『できることがあればなんでも言ってな』と言ってくれた。自分自身が変化する喜びを得たら、誰でも変わっていける」

人口減少の最前線にいる秋田は、変化の伸びしろに満ちている。絶望のなかにこそ希望がある。われわれにはできる。

おわりに

明治初期に誕生した秋田魁新報は、二〇二四年が創刊百五十年に当たる。節目の年には何か大がかりな連載をと五年ほど前からテーマを練ってきたが、いい切り口が見いだせないまま時間が過ぎていった。

「『地方創生』が始まって二〇二四年で十年になるんですよね」。居酒屋のテーブルで同僚がそう口にしたのは、二〇二二年十一月の夜だった。

瞬間、これだというひらめきがあった。

いまや一般名詞のように流布している「地方創生」だが実は、これはあくまでも、一つの政策なのだった。そのことに改めて思い至ると同時に、連載の切り口になればとスマホに書きためてきたアイデアの数々が想起された。やせ細る交通インフラ、あふれる空き家や遊休地、農林漁業の後継者不足……。その多くはつまるところ、人口減少に起因する。おおもとに横たわる人口減問題に切り込むとすれば、「地方創生」という政策の検証は、大きな突破口になりうるのではないか――。

年が明けて二〇二三年春の統一地方選が終わり、専従の取材班に指名した相沢一浩と佐藤朋紀の二人には当初、戸惑いの色が濃かった。「地方創生」を徹底的に検証するという発想は前例のないものではあるし、上から与えられた取材テーマに対して乗り気になれないのも、この職業の特性からすればうなずけるところだ。

しかし、実際に取材を始めてみると、二人のエンジンがかかるのに時間は要しなかった。人に会い、関連の書籍を読み進め、また人に当たり……。取材を進めれば進めるほど地平が開け、そこで得られた成果が次の取材の糸口を切り開いていく。われわれにとっての「人口減少」は、学術上の興味深いテーマなどでなければ、観察者の目線で客観的に眺められる事象でもない。閑散とした繁華街や、統廃合が続く小中学校、年を追って不便になるバス路線……。いずれをとっても、地元紙記者であると同時に一人の地域住民でもあるわれわれが向き合わなければならない切実な事柄であり、二人が取材にのめりこんでいくのは必然なのであった。

連日取材に歩く彼らと語らい、書き上がった原稿をともに推敲し、新たな取材の方向性を練るなかで、これは仕事であって仕事ではないと感じるようになっていった。

幸い、連載は読者から好反応をいただきながら続けることができた。われわれの報道が現実を動かし、地元の将来を少しでもいい方向に変えていけるのでは――。そんな予感を覚えながら書き上げていく連載の一回一回は、労苦をはるかに超える充実感に満ちていた。

二人を軸に、関わる記者が増えていき、多くの労力を結集したものとして連載は仕上がり、本書にまとまった。人口減少という大きな流れのなかで、われわれ地元紙記者が「わがこと」に向き合い、地元の将来を考え続けた足跡が、この一冊に詰まっている。

秋田魁新報社　執行役員統合編集本部長　松川敦志

主要参考書籍

『知事の真贋』片山善博（文藝春秋、二〇二〇年）
『都市と地方をかきまぜる「食べる通信」の奇跡』高橋博之（光文社、二〇一六年）
『地方の論理』小磯修二（岩波書店、二〇二〇年）
『地方創生の正体─なぜ地域政策は失敗するのか』山下祐介、金井利之（筑摩書房、二〇一五年）
『地域づくりの経済学入門─地域内再投資力論─』岡田知弘（自治体研究社、二〇〇五年）
『地方創生を考える─偽薬効果に終わらせないために─』諏訪雄三（新評論、二〇一五年）
『キーワードで読み解く地方創生』みずほ総合研究所編（岩波書店、二〇一八年）
『世界』二〇一四年九月号、十月号、二〇一五年五月号、二〇二三年八月号（岩波書店）
『これからの地域再生』飯田泰之編（晶文社、二〇一七年）
『「都市の正義」が地方を壊す　地方創生の隘路を抜けて』山下祐介（ＰＨＰ研究所、二〇一八年）
『地方消滅の罠─「増田レポート」と人口減少社会の正体』山下祐介（筑摩書房、二〇一四年）
『日本の革新者たち　１００人の未来創造と地方創生への挑戦』齊藤義明（ビー・エヌ・エヌ新社、二〇一六年）
『中央公論』二〇一三年十二月号、二〇一四年六月号、二〇一五年二月号、二〇一八年六月号、二〇二四年二月号（中央公論新社）
『人口減少時代の都市』諸富徹（中央公論新社、二〇一八年）
『８０００万人社会の衝撃─地方消滅から日本消滅へ』加藤久和（祥伝社、二〇一六年）
『集権型システムと自治体財政─「分権改革」から「地方創生」へ─』川瀬憲子（自治体研究社、二〇二二年）
『なぜ少子化は止められないのか』藤波匠（日本経済新聞出版、二〇二三年）
『農山村は消滅しない』小田切徳美（岩波書店、二〇一四年）
『月刊ガバナンス』二〇一四年六月号、二〇二四年一月号（ぎょうせい）
『ここだけのごあいさつ』三島邦弘（ちいさいミシマ社、二〇二三年）
『農山村からの地方創生』小田切徳美、尾原浩子（筑波書房、二〇一八年）
『日本の未来は島根がつくる』田中輝美（山陰中央新報社、二〇二四年）
『希望格差社会　「負け組」の絶望感が日本を引き裂く』山田昌弘（筑摩書房、二〇〇七年）

『日本列島回復論―この国で生き続けるために』井上岳一（新潮社、二〇一九年）
『どうする地方創生』山崎史郎、小黒一正編著（日本経済新聞出版、二〇一八年）
『地域衰退』宮﨑雅人（岩波書店、二〇二一年）
『子供が消えゆく国』藤波匠（日本経済新聞出版、二〇二〇年）
『持続可能な福祉社会―「もうひとつの日本」の構想』広井良典（筑摩書房、二〇〇六年）
『貧困・介護・育児の政治　ベーシックアセットの福祉国家へ』宮本太郎（朝日新聞出版、二〇二一年）
『日本列島創生論　地方は国家の希望なり』石破茂（新潮社、二〇一七年）
『レジリエンス　復活力―あらゆるシステムの破綻と回復を分けるものは何か』アンドリュー・ゾッリ、アン・マリー・ヒーリー、須川綾子訳（ダイヤモンド社、二〇一三年）
『「北の国から」で読む日本社会』藤波匠（日本経済新聞出版、二〇一七年）
『中国山地　過疎50年』中国新聞取材班編（未來社、二〇一六年）
『地方創生を超えて―これからの地域政策』小磯修二、村上裕一、山崎幹根（岩波書店、二〇一八年）
『競わない地方創生―人口急減の真実』久繁哲之介（時事通信出版局、二〇一六年）
『「国土のグランドデザイン２０５０」が描くこの国の未来』国土交通省国土政策研究会編著（大成出版社、二〇一四年）
『東京一極集中が日本を救う』市川宏雄（ディスカヴァー・トゥエンティワン、二〇一五年）
『復刻版　日本列島改造論』田中角栄（日刊工業新聞社、二〇二三年）
『東京一極集中のメンタリティー』藤本建夫（ミネルヴァ書房、一九九二年）
『東京プロブレム』日本経済新聞社編（日本経済新聞社、一九八八年）
『全論点　人口急減と自治体消滅』時事通信社編（時事通信出版局、二〇一五年）
『地方創生への挑戦』熊本県立大学総合管理学部ＣＯＣ事業プロジェクトチーム編（中央経済社、二〇一八年）
『地方創生の罠』山田順（イースト・プレス、二〇一六年）
『問いのデザイン　創造的対話のファシリテーション』安斎勇樹、塩瀬隆之（学芸出版社、二〇二〇年）
『みんなが幸せになるための公務員の働き方』嶋田暁文（学芸出版社、二〇一四年）
『田園回帰１％戦略　地元に人と仕事を取り戻す』藤山

浩（農山漁村文化協会、二〇一五年）
『検証　コロナと五輪　変われぬ日本の失敗連鎖』吉見俊哉編著（河出書房新社、二〇二一年）
『崩れる政治を立て直す―21世紀の日本行政改革論』牧原出（講談社、二〇一八年）
『地域学入門』山下祐介（筑摩書房、二〇二一年）
『「2030年日本」のストーリー　武器としての社会科学・歴史・イベント』牧原出編著（東洋経済新報社、二〇二三年）
『フィンランド　幸せのメソッド』堀内都喜子（集英社、二〇二二年）
『東京復興ならず』吉見俊哉（中央公論新社、二〇二一年）
『ヨメより先に牛がきた―はみだしキャリア奮戦記』役重真喜子（家の光協会、二〇〇〇年）
『日本はどこで間違えたのか』藤山浩（河出書房新社、二〇二〇年）
『日本人はなぜキツネにだまされなくなったのか』内山節（講談社、二〇〇七年）
『新しい地域をつくる―持続的農村発展論』小田切徳美編（岩波書店、二〇二二年）
『神山―地域再生の教科書』篠原匡（ダイヤモンド社、二〇二三年）
『ソトコト』第十七巻第七号（木楽舎、二〇一五年）
『ちゃぶ台「移住×仕事」号』（ミシマ社、二〇一五年）
『魔法をかける編集』藤本智士（インプレス、二〇一七年）
『風と土の秋田　二十年後の日本を生きる豊かさのヒント』藤本智士（リトルモア、二〇一七年）
『まちづくり幻想　地域再生はなぜこれほど失敗するのか』木下斉（SBクリエイティブ、二〇二一年）
『人口減が地方を強くする』藤波匠（日本経済新聞出版社、二〇一六年）
『地方創生大全』木下斉（東洋経済新報社、二〇一六年）
『ローカルベンチャー　地域にはビジネスの可能性があふれている』牧大介（木楽舎、二〇一八年）
『里山資本主義　日本経済は「安心の原理」で動く』藻谷浩介、NHK広島取材班（角川書店、二〇一三年）
『東川スタイル　人口8000人のまちが共創する未来の価値基準』玉村雅敏、小島敏明編著（産学社、二〇一六年）
『コミュニティナース　まちを元気にする〝おせっかい〟焼きの看護師』矢田明子（木楽舎、二〇一九年）
『話し合いが変わる　地域でアクションリサーチ』平井太郎（農山漁村文化協会、二〇二二年）
『高度付加価値社会宣言　風の時代の羅針盤　都市・地方の生存戦略』山本尚史、小林剛也（masterpeace、二〇二一年）

地方創生《ちほうそうせい》　失《うしな》われた十年《じゅうねん》とこれから

著　　者　秋田魁新報《あきたさきがけしんぽう》「地方創生《ちほうそうせい》」取材班《しゅざいはん》
発 行 日　2024 年 9 月 30 日　初　版
　　　　　2025 年 3 月 31 日　第 2 刷

発 行 人　佐川博之
発 行 所　株式会社秋田魁新報社

〒 010-8601 秋田市山王臨海町 1 － 1
Tel：018(888)1859　Fax：018(863)5353

印刷・製本　秋田活版印刷株式会社

定価はカバーに表示してあります。

製本には十分注意しておりますが、万一、乱丁・落丁本などの不良品がございましたら、上記番号へご連絡ください。御取り替えいたします。
(電話受付は土日祝日を除く午前 9:00 ～午後 5:00 です)

ISBN 978-4-87020-442-3　C0036 ¥1800E